エマニュエル・レヴィナス
1986年7月パリ16区の自宅にて（撮影 合田正人）

顔とその彼方　レヴィナス『全体性と無限』のプリズム

顔とその彼方

―レヴィナス『全体性と無限』のプリズム―

合田正人編

明治大学人文科学研究所叢書

知泉書館

凡　例

一、『全体性と無限』からの引用は、基本的に、フランス語原書はポケット版（Emmanuel Lévinas, *Totalité et infini*, Le livre de poche）から、邦訳は合田正人訳『全体性と無限』（国文社、二〇〇六年、改訂版）を使用した。引用の際には、TI の略号を用い、フランス語版／邦訳の頁数を本文中で示した。
　ただし、著者それぞれの解釈があるため、必ずしも邦訳と同じではない場合があることをお断りしておく。

一、〔　〕は訳者による補い。

まえがき

——見知らぬ読者へ——

合田　正人

人生は無数の偶然から成っていると言ったのはたしか、『幸福論』で著名なアランであったか。無数の関係、無数の遭遇から、と言ってもよいだろう。ある時点で人生の大事件と思われたものが小さな思い出に縮減されることもあれば、逆に、まったく取るに足らないもの、いや、気づきさえしなかったことが後に途方もなく大きな意味を持つに至ることもある。数限りない出来事が忘却されていく一方で、その出来事の意味を死に至るまで考え続けることもある。そしてその過程で、ある出来事がまったく異なった意味をまとうことも少なくない。

かつて文芸評論家の小林秀雄が詩人アルチュール・ランボーの詩との出会いを「事件」と呼んだように、ある言葉や文、それを記した書物、それを口にし、あるいは書き記した人物との直接間接の出会いもまた、人間というものが「言語」のなかに捕らわれている限り、私たち一人一人の人生を左右する出来事の最たるものであろう。今鮮烈に思い出されるのは二人の青年のことである。ひとりは前出のアラン。彼からバルザック全集を借りた友人がアランの下宿屋の管理人にそれを返した。アランがそれを受け取るまでに、管理人はそれをつい読んでしまった。「彼女は詫びた。バルザックを読んでしまったというのである。彼女はこう言った。「これは有名な作家なのですか？　私はこの作家が好きです。バルザック、それは、あなたです。それは私です。」」

もうひとりは、『異邦人』や『ペスト』で知られるノーベル文学賞受賞作家アルベール・カミュ（一九一三—一九六〇年）である。彼は二十歳の時にアルジェで、ジャン・グルニエの『島々』（邦訳『孤島』竹内書店新社）を読み、作家になろうと決意する。そして、自動車事故で不慮の死を遂げる直前にこう書いているのだ。

人間が生涯に受ける大きな啓示というものは、そんなにあるものではなく、せいぜい一度か二度である。だが、そうした啓示は、幸運と同じように、変貌する。生きること、生きて知ることに情熱をいだく人間にとって、この本〔『島々』〕は、ページをくるごとに、同種の啓示をさしだしてくれることを私は知っている。〔ジッドの〕『地の糧』は公衆を震撼させるのに二十年かかった。こんどは『孤島』に新しい読者がつくときだ。私も、もう一度そうした新しい読者のなかにはいりたいと思う。この小さな書物をひらいてから、最初の数行を読んだところでそれをふたたびとじて、胸にしっかりおしつけ、見る人のいないところでむさぼり読むために、自分の部屋まで一気に走ったあの夕方にかえりたいと思う。そして、いまはじめてこの『孤島』に近づく未知の青年を、私はうらやむのだ。にがい思いをこめないで、——私はうらやむのだ、あえていうならば、熱い思いをこめて…。（邦訳一七頁）

この本は、読んでから二十年以上たったいまも、ずっと私の内部に生きることをやめていない、とカミュは言う。何度読み返しても感動せずにはいられない文章だが、あえてこの大作家の経験に倣って言うなら、初めてエマニュエル・レヴィナスの国家博士論文『全体性と無限——外部性についての試論』（Emmanuel Levinas,

Totalité et infini : Essai sur l'extériorité, Martinus Nijhoff, 1961）を読んでから三〇年、私もまたこの書物についてカミュと同様のことを言うだろう。大学の図書室の書架にずらりと並べられたオランダはハーグ、マルティヌス・ナイホフ社刊のフェノメノロギカ叢書を眺め、気になる巻を手に取ることはしばしばあったけれども、三〇年前のある日まで、レヴィナスのこの主著に気づくことはなかった。そこへと向かう通路はすでに、当人にも気づかぬ仕方で穿たれつつあったのだろうし、人生を二分する事件といった言い方を私は好まないが、それでも、『全体性と無限』を初めとするレヴィナスの著作の読解がその後の私の人生に深く作用したこと、いや、今も作用していること、この点は少なくとも間違いない。

ただ、このようなことを書くのは必ずしも単に私自身の個人的感傷を披歴するためではない。本書は二〇一一年一一月一二日―一三日に明治大学駿河台キャンパスで開催された、エマニュエル・レヴィナス『全体性と無限』刊行五〇周年記念国際シンポジウムの記録であるが、年齢も経歴も国籍も性も異にする発表者たちもそれぞれ、ここでは学術論文という形で思いを語っているとはいえ、『全体性と無限』との出会いによって人生を揺さぶられたのではないかと愚考するのである。そしてまた、この書物が論者たちのなかで、いや、おそらくその数えきれない読者たちのなかで生き続けているという意味においてのみならず、ミクロな次元から宇宙的な次元に至るまで私たちが様々な仕方で係っている現下の世界を、その数々の難題《アポリア》を思考するためのヒントを出版から半世紀余を経てなお提供してくれるという意味でもこの書物は生き続けているのだ。思えば、『全体性と無限』はアルジェリア戦争の末期に、フランツ・ファノンの『地に呪われた者』と同時に出版された。六〇年安保の翌年、べ平連〔ベトナムに平和を市民連合〕の結成は一九六五年である。だが、それだけではない。人間を「書物への存在」（*Sein-zum-Buch*）と規定する一方で、書物を人生の日々から遊離させることなく、書物に書物ならざる異常な日常の試練を課すことこそ、実はレヴィナスが果敢に試みたことなのである。

私は、そして、上記シンポジウムの参加者たちもおそらく、本書が単に専門的研究者たちの集いの記録にとどまることなく、レヴィナスの愛読者たちはもちろんのこと、更に、カミュが『島々』について言ったように、レヴィナスのことも『全体性と無限』のことも知らない人々にも何かを訴えるものであることを、彼ら、彼女らが本書を通じてレヴィナスの著作を手に取ることを願っている。ではレヴィナスとは誰なのか。『全体性と無限』（邦訳、岩波文庫、国文社）とはいかなる書物なのか。

ヨーロッパへ向かう飛行機の小さな窓から、時折リトアニアとその海岸が見えることがある。岸辺を打つ白い波や街並みがくっきり見えることさえある。そのたびにレヴィナスに思いを馳せていたのだが、今年の二月、初めて雪のリトアニアを訪れることができた。首都ビルニュスの空港に到着し、ヴィルナのガオン〔ユダヤ教学院の長〕エリヤフー関連の施設などを訪れた後、マイクロバスのような乗合タクシーで、レヴィナス生誕の地カウナスに向かう。思い返すと、タクシーのなかでも飲食店でもいつも歌が流れていた。逆に言うと、パリでのように人々が喧く喋ることがないのだ。カウナスという両大戦間期の首都は、外務省の命に背いて亡命するユダヤ人たちに日本の通行ビザを出したことで知られる杉原千畝の存在によって日本でも広く知られるようになった。実際、少なからざる日本人が在カウナスの杉原千畝記念館を訪れている。カウナスはナムナス川とネリュス川の合流点に位置する *Zweistromenland*〔二つの流れの間〕で、川はなかば凍っていた。現在のカウナスは人口三五万ほどの都市である。主要道路はかなりの交通量で、ショッピングセンターなどには多くの住人たちが集まってはいるけれども、夜になると、目抜き通りでも灯りは乏しく、歩く人もまばらで、飲食店も開いているのかどうか分からないほど閑散としていた。翌日は、様々なひとに道を教えてもらいながら、レヴィナスの生家跡、レヴィナスが通ったと思われるシナゴーグ〔ユダヤ教会堂〕、レヴィナスの父親が経営していた書籍・文具店跡を探し歩いた。やっとのことで探し当てた生家跡にはすでに新たな建物が建っていて、その壁の一隅に小さな碑が貼付されているだけだった。帰路、カウナスのユダヤ博物館を訪れる。「レヴィ」がリトアニアでは「レヴィナス」となるのだから当たり前のことだが、展示室で紹介されている人物のなかに何人もの「レヴィナス」がいることになぜか意表をつかれた。ケーニヒスベルク〔カリングラード〕がリトアニアのすぐ隣にあることも。

リトアニアにレヴィナス研究者がいるということも当然予想されることなのだが、これまた愚かにも、明確にそれを意識していたかというとそうではなかった。リトアニアのレヴィナス研究者と会うことができたのは、ひとえにパリでレヴィナスを研究している日本人若手研究者たちのおかげであった。「ネリンガ」という食堂で歓談した。ネリンガというのは、サルトルやトーマス・マンがこよなく愛したリトアニア北部のクルシュー砂州を怪力で作ったとされる伝説上の少女の名である。リトアニア語がサンスクリットとも関係していて、東欧のその他のスラヴ系言語とは異質であることを教えってもらったのも大変ありがたかったが、リトアニアのレヴィナス研究者たちは、解体される前のレヴィナスの生家の間取り図、レヴィナスの父親や弟たちの写真つきの身分証明書、父親自筆の文章を記した紙片などを入手していた。権利上の制約があってそれらをご紹介できないのが残念至極である。レヴィナスの父親がカウナスの知識人、芸術家たちの集う一種のサロンのようなものを開いて、当時の文化活動に積極的に係っていたことも分かった。

エマニュエル・レヴィナスはカウナスの新市街に一九〇六年一月一二日に生まれ、一九九五年一二月二五日にパリで死去した。幼い頃からヘブライ語ならびにヘブライ語聖書の読解を学び、第一次世界大戦中はウクライナのハリコフに疎開、戦後カウナスに戻ってヘブライ高校を卒業した後、ストラスブール大学の哲学科に留学した。卒業後、フライブルク大学でフッサール、ハイデガーに学び、一九三〇年にはフランス語で書かれた初の本格的なフッサール論『フッサール現象学における直観の理論』（邦訳、法政大学出版局）を発表する。この書物は、サルトルを現象学に導いたきっかけのひとつとなった。パリに移り住み、フランス国籍に帰化、同郷の女性ライッサと結婚する。一八六一年にパリに創設されたユダヤ人機関「全イスラエル同盟」の職員として働き始める。それと併行して、「逃走論」などの哲学論考を発表する。第二次世界大戦中は、フランス軍兵士として捕虜となり、ドイツ北部のリューネブルガー地方の捕虜収容所で森林伐採などの労働に従事する。五年に及ぶ捕囚であった。親族のほとんどはナチスによって虐殺された。復員後、『実存から実存者へ』（邦訳、ちくま学芸文庫）を出版。ジャン・ヴァール主催のコレージュ・フィロゾフィックで「時間と他なるもの」（邦訳、法政大学出版局）と題された講義を行う。捕囚の日々に綴られたノート、コレージュ・フィロゾフィックでのレヴィナスの数々の講演は、現在『レヴィナス全集』（第一巻の邦訳が法政大学出版局より近刊予定）に収録されている。「全イスラエル同盟」の付属機関で、各国のヘブライ学校の教師を養成する東方師範学校の校長を務める。『全体性と無限』（その構成については「まえがき」後の「目次」を参照）を提出して博士号を取得した後、レヴィナスが初めてポワチエ大学の専任教員となったのは一九六三年のことで、レヴィナス五七歳であった。パリ第十大学を経てパリ第四大学の教授に就任。一九七四年には、『全体性と無限』に続く第二の主著『存在するとは別の仕方で　あるいは存在することの彼方へ』（*Autrement qu'être ou au-delà de l'essence*, Martinus Nijhoff）（邦訳、講談社学術文庫）を出版。また、これらの哲学論考と併行して一九三〇年代からユダヤ教論考を発表し続け、一九六〇年代以降は複数の場所で、「タルムード」と呼ばれるユダヤ教解釈学をみずから実践した。

フランスでもその他の国でも、レヴィナスという存在、その著作は長きにわたって、サルトルやメルロ＝ポンティ、ドゥルーズやフーコーといった哲学者たちの陰に隠されていた。レヴィナスが広く読まれ始めたのは一九八〇年以降のことである。私は、一九八六年にレヴィナス八〇歳を記念してブルターニュ地方のスリジー＝ラ＝サル（Cerisy-la-Salle）で八月二三日から九月二日まで開催されたシンポジウムに参加した折、何度かレヴィナスと話をする機会を得たが、その時にはすでに、世界中から毎日何通もの書簡が彼のもとに届き、私のような海外の研究者の頻繁に訪問している様子だった。スリジー＝ラ＝サルでのシンポジウムの記録は一九九三年に『第一哲学としての倫理』（*L'Ethique comme philosophie première*, Editions du Cerf, 1993）として出版されている。発表者の名を見ると、懐かしさのようなものを覚えると同時に、レヴィナス関連のシンポジウムの参加者がこの三〇年のあいだに大きく変わってしまったことに気づかざるをえない。八六年のシンポジウムの組織者はジャン・グレッシュとジャック・ロランで、ジャン＝リュック・マリオン、ミゲル・アバンスール、リチャード・カーネイ、カトリーヌ・シャリエ、ステファヌ・モーゼス、アラン・ダヴィッド、久重忠夫、リチャード・コーエン、シルヴァーノ・ペトロジーノ、ベルンハルト・カスパー、ルードヴィヒ・ヴェンツラー、トマス・ヴィーマー、マルク・フェスラー、モニック・シュナイダーらが発表した。

もちろん現在も活躍し、アバンスールのようにレヴィナスをめぐる書物（*Emmanuel Levinas, l'intrique de l'inhumain.* Entretiens avec Danielle Cohen-Levinas. *Entre métaphysique et politique*, Hermann, 2012）を発表している論者もいるが、ロランやモーゼスのように逝ってしまった者もいる。昨年一二月、パリ第四大学の主催で、『存在するとは別の仕方で』をめぐるシンポジウムが開催されたが、予定されていたマリオンが欠席したため、私が発表し、アラン・ダヴィッドが聴衆のひとりとして参加していたのを除くと、かつての参加者は皆無であった。

先に列挙した八六年のシンポジウムでの発表者たちのなかに、本書の執筆者でもあるトマス・ヴィーマーの名が含まれているのにお気づきになった方もいるかもしれない。ヴィーマーは当時フライブルク大学の神学科博士課程の学生で、カスパー教授に随行して参加し、「記憶のエクリチュール」という発表を行った。『存在するとは別の仕方で』の文体をめぐる先駆的な発表で、最後にパウル・ツェランの詩を朗読して発表が終わったとき、シンポジウム全体を通じて最も大きな拍手が送られたのを覚えている。ドイツからの参加者のなかでは抜群にフランス語がうまく、『観念に到来する神について』のヴィーマーによるドイツ語訳はレヴィナスの絶賛するところだった。一九八八年に彼が提出した博士論文『語ることの情念＝受苦』(*Passion des Sagens*, Alber) は、今でも最も優れた『存在するとは別の仕方で』論のひとつである。

当時ヴィーマーはこの博士論文を準備するとともに、『存在するとは別の仕方で』のドイツ語訳を企てていた。私も同書の邦訳に苦しんでいるところだった。二人のあいだでこの困難な翻訳のことが話題になった。九月二日にシンポジウムが終了したとき、別れ際に、ヴィーマーは私に向かって Bon courage pour la traduction !〔翻訳がんばって!〕と言って、笑いながら拳を握ってみせた。このときの情景は深く私に刻み込まれた。今回、シンポジウムへの海外からの参加者を決めるにあたって、私は真っ先にヴィーマーのことを思った。Tomas Wiemer と入力してネットで調べてみると、彼がＤＦＧ〔ドイツ研究者協会〕のプログラムディレクターを務めていることが分かった。理由は話してくれなかったが、博士号を取得した直後に大学を去ったというのだ。もうレヴィナスの研究者ではないから、と最初は固辞されたが、一度だけの例外ということで新たなレヴィナス論を書いてもらい、シンポジムに参加していただいた。

独立自主管理労働組合「連帯」がポーランドで結成されたのは一九八〇年のことだった。スリズー＝ラ＝サルのシンポジウムにもひとりポーランド人の参加者がいた。眼差しにも、語りかける姿勢にも切迫感があった。言葉はそれが読まれる状況によってその意味や価値を変えるのだ、ということを改めて思い知らさる経験だった。ラテンアメリカでは「解放の神学」の担い手たちがレヴィナスを読んでいた。チェコの哲学者ヤン・パトチカについて調べる過程で知ったことをここに付け加えておきたい。いわゆる「ビロード革命」後、初代チェコスロヴァキア大統領に就任した劇作家のヴァーツラフ・ハヴェルは、パトチカと共に、チェコスロヴァキアの民主化宣言「憲章七七」（一九七七年）のスポークスマンとなった。そのハヴェルの獄中記を読んでいくと、こんな箇所が見つかるのだ。

それでも（とりわけ）ぼくは（もしよく理解しているなら）、レヴィナスの考えと完全に共通している。すなわち、ぼくらは自分の責任を、みずから考えだ(さ)ず、前提ともせず、予期もしなかった情況の中でそれを示すべきときに、その快適ならざるきびしさの中で、ふつうは把握しはじめる。（『プラハ獄中記』恒文社）

ぼくはつねに感じてきたが、（前イデオロギー的または前言語的展開における）、若者たちの反抗は、非常に重要な現象である（その中には、結局「実存的革命」、人間自身への回帰の最初の兆しさえ見られた）。――レヴィナスはぼくの印象を確認してくれるばかりか、同時に説明してくれる。（同上）

レヴィナスについて、たんに精神的伝統の蓄積と、千年におよぶユダヤ民族の経験ばかりか、囚人だった人間の経験をも感ずる。それはその本の行にも認められ、そのためにその本は、ぼくの心にそんなにも語りか

けるのかもしれない。レヴィナス的な――受身よりももっと受身的な――自分の傷つきやすさについての経験。（同上）

ハヴェルのなかで、「いかなる受動的な受動性」（passivité plus passive que toute passivité）、「傷つきやすさ」（vulnérabilité）といったレヴィナスの観念が「若者たちの反抗」と結びついているのは実に印象的である。因みに、獄中のハヴェルにレヴィナスの著作の抜書きを差し入れたのは、パトチカの娘婿で後にチェコの文部大臣を務め、カレル大学人文学部を創設するヤン・ソコルで、ソコルは『全体性と無限』のチェコ語訳の訳者のひとりでもある。昨年ソコルをプラハに訪ねた私は、たったひとつの棟しかない人文学部で七〇歳を超えてなお熱い講義を行うソコルの姿に感動を覚えないわけにはいかなかった。

それにしてもなぜ、レヴィナスの言葉は、かくも多様な場所でそれぞれ特異な人生を生きている人々に散種されていったのだろうか。その理由も千差万別であろう。ただ、私としては、「哲学しないことも哲学することである」というレヴィナスの構えをまず挙げておきたい。もちろん「哲学」と「哲学ならざるもの」との境界は固定されざるもので、それを見極めることそれ自体が大きな課題である。が、レヴィナスは、先に「書物」について述べたように、「哲学」なるものを、彼自身が「前哲学的経験」と呼ぶものによって不断に審問したように思われる。レヴィナスはこの立場をフランツ・ローゼンツヴァイクというドイツのユダヤ系哲学者から継承したのだが、ローゼンツヴァイクはそれを「哲学の終焉」とも「経験する哲学の始まり」とも呼んでいる。「哲学の終焉とは、哲学が哲学者の口を通しては明かされないがゆえに、森羅万象が哲学と化すような時代の幕開けなのである」（『困難な自由』法政大学出版局）。だから、私たちは誰もが「自分」を、「自分の周辺」を起点として哲学しなければならないし、哲学しているのだ。

第二に、このような「前哲学的経験」について、レヴィナスは「小さなこと、小さなことの大事さ」と言って、実に些細なこと、小さな身振りや言葉、毎日私たちが繰り返している動作に最大限の重要性を与えた。衣食住とは、呼吸とはどのようなことか。性とは、家族とは何か。地下鉄のなかで聞こえてくる会話、「こんにちは」「お先に」といった挨拶や言葉。汗や涙。なかでもレヴィナスは、こうした日常的行いが何かのきっかけで不調を来たすことにきわめて敏感だった。なぜか疲れる。眠れない。起き上がれない。何かをし始めることができない。耳鳴りがする。こうした事態は単に異常とみなされるものではなく、レヴィナスにとってまさに「実存者の実存」にとって本源的な事態なのだ。

レヴィナスは「魂とはすでに精神病である」と記している。彼はまた癲狂院のなかで発せられる言葉に耳を傾けようともした。そして、「他者とは私が殺したいと意欲しうる唯一の存在である」という認識を、私たちの日常のなかから読み取ったのだ。誰が父母を、弟たちを殺したのかと、答えのない煩悶を続けながら彼は不眠の日々を過ごしたかもしれない。それはジェノサイドともホロコーストともショアーとも呼ばれる事件であるかもしれない。しかし、何より重要なのは、「あたりまえの生の無垢なる残忍さによって、近き者と遠き者への「潔白なる」無関心によって、さらには、何としても客体化し主題化せんとする高慢な執着心によって［…］、犯される緩慢な不可視の暗殺のすべて」（『聖句の彼方』）なのである。

「愛撫」「子供」「顔」「皮膚」「吐き気」――、第三にレヴィナスは、異常な日常、日常的な異常のなかから汲み上げたものを概念化する知的勇気のようなものによっても私に強い印象を与える。それはおそらく「感性」と「知性」と呼ばれるもののあり方そのものを変革することを私たちに促しているのだろう。概念は、概念となりきらない曖昧な辺暈を複雑な沿岸のように伴っていて、それが、レヴィナスの言説の、その「文体」の必ずしも安定的ならざる不安、動揺とスリリングな魅力をなしていると言えるだろうか。レヴィナスのエクリチュールはまさに「言語の不安」（デリダ）そのものである。フランス語と呼ばれる言語で書かれながらも、それは本質的に多言語的なエクリチュールであって、それ自体がすでに「翻訳」という営為を内蔵しているように思われる。読者は、まさに様々な「翻訳」を通じてもこの不安を感じ取り、それぞれの「日常言語」（レヴィナス）の不安と困難に連れ戻されるのではないだろうか。私がフランス語圏以外からも研究者を招聘したいと考えた理由もそこにある。

「翻訳」という点では、日本はレヴィナスの著作が最も多く翻訳され、最も多く読まれている国ではないだろうか。因みにイスラエルで『全体性と無限』のヘブライ語訳が出版されたのは二〇一〇年のことである。『全体性と無限』や『存在するとは別の仕方で』の翻訳が文庫化され、万単位の読者を獲得しているというと、ほとんど例外なく外国人研究者は驚きの声を挙げる。ある異邦の思想が移入されるとき、それはその社会が孕む様々な問題を別の角度から照らし出し、それを批判する視座を提供する。しかし、と同時に、異邦の思想のこのような受容は、受容者たちの暗黙の前提となっている暗黙知との親和性のごときものを明かしてもいる。この点では加藤尚武が、「レヴィナスの［…］他人に対する感覚は、日本人が他人に会うたびに口にしてしまう「すいません」に深く通じるものがあるように思われる」（『20世紀の思想――マルクスからデリダまで』ＰＨＰ新書）と逸早く言っているのは重要である。儒教的道徳観、他力の仏教思想、新渡戸稲造のいう「武士道」、更には、不朽の名著『菊と刀』（講談社学術文庫）でルース・ベネディクトが指摘した「義理」「人情」「恩」「負い目」といった観念、丸山真男のいうムラ的「無限責任」が、レヴィナスへの嗜好の根底でどのように機能しているのか、それを考えなければならないのだ。

最後にもうひとつ指摘しておきたいことがある。戸坂潤は『日本イデオロギー論』(一九三五年)のなかで、封建的家族主義が末期資本主義の武器となる点に「ニッポンイデオロギー」の特徴のひとつを認めている。一方で「生きた貨幣」のごとき主体性の一介的贈与と犠牲を語りながら、他方で貨幣と技術による新たな正義を拓くレヴィナス哲学の構えは、限界にあるがゆえに終わることのない「終わりつつある資本主義」の表現のひとつではないだろうか。

その意味でも、レヴィナスをただ「師」として仰ぐことはできない。それは敬意を装う非礼であり自己正当化である。「自己」(Soi)とはレヴィナスにとって、「彼」(il)の再帰代名詞の強勢形であり、「自己」へと回帰することはそれゆえ「自己」から放逐され、把持することのできない「彼」を追ってさまようことにほかならない。「自己」とは「自己」との闘争であり「自己」からの逃走である。レヴィナスを読むこともまたそのような闘争であり逃走であると私は思っている。以下に読者諸氏が読むことになるのは、そのような闘争と逃走の様々なドキュメントである。けだしサランスキはこの事態を「複数の地平」(horizons)と呼んだのだろう。闘争と逃走の線(の痕跡)の錯綜。No line on the horizon. そしてこの錯綜は、私自身も含めて本論集へ寄稿者たちがいまだ十全に把握しているとは言えないレヴィナスの戦争論——特に『全体性と無限』のそれは複雑である——との新たな取り組みを促しているのだろう。

二〇一三年一二月八日

#『全体性と無限――外部性についての試論』目次

『全体性と無限――外部性についての試論』目次

目次

顔とその彼方

――レヴィナス『全体性と無限』のプリズム――

『全体性と無限』の諸地平

ジャン＝ミシェル・サランスキ

エマニュエル・レヴィナスの主著『全体性と無限』を読み直す者は、私が思うに、第三部での「顔と外部性」についての枢要な議論の後に、「顔の彼方へ」と題された第四部が始まるのを目の当たりにしてある種の驚きを禁じえないはずである。実際、はじめてこの主著を読んだときの記憶では、顔との対面関係という倫理的筋立て（intrigue éthique）に関わる要素の総体が、この書物がたどり着く終着地点ないし完成地点として抽出されていた。他者の定言命法的な非現象性に基づく道徳上の義務を明らかにすることこそが、『全体性と無限』の到達点だと記憶していたはずだ。そこではわれわれは、形而上学的な欲望から、倫理における、そして倫理による存在論の超克へと導かれることになっていた。そして、このことには、この書において示唆され、後の著作において体系化されることになる哲学の全面的な更新が伴っていたはずである。このような軌道は、人間的な経験を喚起することのできる豊かで新しい「現象学」を経由するものであった。だとすれば、どうして「顔の彼方」というものが存在しなければならないのか。顔の教えこそ、真の外部性をもたらし、われわれを「彼方に」位置づける――すなわち、古典的な現象学の彼方、存在をテロスとする哲学の彼方に位置づけるのではなかったか。顔は、レヴィナスの展望のなかで重きをなす彼方の一切をもたらすのであって、それ自身乗り越えられる必要などないはずである。顔が乗り越えられるのだとすれば、それは、客観化の現象学ないし哲学的な存在論を前面に回帰させるような後退に利するものとはならないだろうか。

この書物を一読してみたかぎりでは、そうした驚きと無理解の感情は生まれない。というのも、私の考えでは、叙述的で物語的な連続性のほうがむしろ勝っているからだ。われわれは、『全体性と無限』を、人間的な経験についての長編小説として、幸福で善良な人間の経験についての教訓的な長編小説として読むことができる。この小説は、享受、生における自己充足に始まり、住居と労働を介した世界における合理的な居住を経由し、顔との遭遇というあらゆるものに意味を付与するクライマックスのエピソードにいたる。次いで、主人公は愛の幸福を知り、子という祝福を受ける。このような観点から見ると、エロス的なものと繁殖性《フェコンディテ》という第四部の主要な二つのテーマは、一連の物語の全体のなかで、調和的に現れてくるようにも見える。

反対に、第四部の存在理由を問いただすために先ほどの驚きの感情に立ち戻るならば、付言しておくべきは、この驚きの感情が、文学的なものを感じ取ることでさらに強められるということだ。レヴィナスの文章に慣れた読者ならば、この書物のこの部分に、ある種の叙事詩的な熱狂を感知しないはずはない。ただし、それは、レヴィナスがエロスと繁殖性について語ろうとするために、この部分においてだけ自身の散文的な文体や具体的なものに対するこだわりに背いているということではない。むしろそこでは、彼の言葉が、広範なかたちで読者の文学的な感情を刺激する追補的なリズムのようなものを獲得しているように思われるのだ。

第四部に関するこうしたいささか混乱した理解を定式化しようとして、私は、ユダヤ的な起源から発想を得た次のような比喩を用いるにいたった。すなわち、あたかも『全体性と無限』の最初の三部は「タルムード的な」体制に属しているのに対して、第四部は、「カバラー的な」体制への跳躍ないし移行を突如として遂行させるものであるかのようなのである。この比喩を真に受けるなら、散文的なレヴィナスをまずもって長いあいだ（四〇年？）研究した者しか第四部を論じることができないと結論しなければならないかもしれない。

この比較について留意しておくべきは、この第四部の「特異性」は、原則として、この部分が『全体性と無限』の哲学に諸々の地平を供するという点に存しているということである。この部が説明しているのは、いかにして、倫理という軸に沿った人間の実存が、繁殖性のなかで、そして繁殖性によって、自らの地平を見いだすのかということなのである。われわれはそれゆえ、いかなる点において最初の三部がこうした地平をまったく欠いているのか、あるいは少なくとも、ある種の地平を欠いているのか、さらには、第四部がもたらす地平性とはいかなる性質のものかを理解し明確にしなければならない。本論は、こうした問いに答えつつ、いくつかの考察材料を提供することを試みるものである。

1　意味《サンス》と地平

先述したように、最初の三部は、レヴィナス哲学の核心となっているものを教示している。すなわち、どんな人間的状況も倫理的筋立てへと集約され、また、この筋立てを正しく判定することが、哲学における存在論的な方向づけに優越するということだ。ところが、このことが根底で言おうとしているのは、意味の可能性の総体は倫理的筋立てに結びついており、この可能性の各々は倫理的筋立てに依存しているということだ。この書物の冒頭では、いかにして学知の真理の探究が、（存在に対する）人間の分離および絶対的に他なるものへの欲望を要請するのかが強くまた深く陳述されている。学知の探究はいわば倫理的筋立ての座標を必要としているのだ。言うまでもないことだが、学知はそこで世界の開陳を他者へと贈与することとして提示されている。第三部の最後（「倫理的関係と時間」）では、数多くの分析（受苦、身体、通商、歴史の裁き、延期としての内面性）が相次いで行われ、広大な道筋が提示されているのだが、そこでは、『時間と他者』のなかですでに定式化されていた考え方がいっそう豊かにとり上げ直されている。それによると、存在論のこの上なく根本的な作動たる時間化そのものも倫理的筋立てに負っているというのだ。というのも、なによりもまず、未来の脱-自は、意味の秩序のなかでは、他者に送り返されるのであり、未来の開けは、まさしく顔から、定言命法的なかたちで私に到来するからである。

ここで次のように一般化することができるだろう。倫理的筋立てに依存しているのは、学知と時間性だけでなく、意味の形成、伝統ないし伝達の一切がそうなのだと。倫理は、意味の意味を供するのであり、言ってみれば、意味を受容できなくなるという恐れのなかで、メッセージに耳を傾け、注意を向けるという状況を作り出す。呼びかけのなかで私は倫理的な垂直性、他人に対する——契約にも先立つ——私の責務を学ぶ。この呼びかけとは、言語こそが教えるのだということ、呼びかけの状況とは聴取の状況なのだということを私が知る一つのドラマなのである。このような仕方で、私はいわば意味の秩序のなかに入り込む。こうした祝福が、倫理的筋立てという根本的な祝福に随行するのである。

より明白かつより根底的には次のように述べることができる。倫理的筋立てから私が相続するものは、呼びかけという軸に沿って伝達されるさまざまな意味という、意味の無限の可能性だけではなく、思い起こしてみるならば、「生の意味」でもあるのだ。たとえ、すべてが不条理となり、存在の不条理な論理に引き戻されることになろうとも、私は私の隣人に対して責任を負っている。事実を超えたこの与件だけで、私の生に意味を与えるには十分なのである。〈他人に対して〈他人のために〉〉によって、私は存在の不条理に閉じ込められることへの不安から逃れることができるのである。それでは、どうして、また、どのようにしてレヴィナスは、われわれがなお地平を切望すると考えたのか。すでに与えられたものではない、あるいは与えられているとしても不十分にしか与えられていないこの未来という軸とはいかなるものなのか。

2 繁殖性

この問題に答えるにあたり、レヴィナスが、第四部で繁殖性というテーマをどのように導入したかを確認する必要がある。実際、第四部の全体を読んでみると、エロスに関する節がそれ自体として正当化されるのは、その後に提示される繁殖性という地平に基づいてであることがわかる。エロスに関する箇所は、テクスト上では、いわば、繁殖性という地平に対する媒介者となる状況に置かれているのだ。はっと息をのむようなその文章を読んでみよう。

子との関係——言い換えるなら権能ではなく繁殖性であるような〈他人〉との関係は、絶対的未来ないし無限の時間と関係づける。私は時と共に他なるものとなるが、このような他なるものは可能事の未決定性、ただし、未決定であるにもかかわらず、可能事を把持する自我の固定性の痕跡を伴った未決定性ではない。権能においては、未決定性が自我の反復回帰を排除することはなく、自我は未決定的な未来に向かう冒険に身を投じつつも自分の足下に再度転落し、自己に繋縛され、単に見かけだけの超越であることを認めるのであって、そこでは、自由は一種の宿命にすぎない。プローテウスがまとう多様な形態も彼をその自同性から解放しはしない。繁殖性においては、このような反復の単調さが断たれ、自我は他なるものと化し、若返るが、たとえこのように自己を放棄したとしても、かつて自我の存在にその意味と方位を与えていた自己性が失われることはない。繁殖性は老いを産み出すことなく歴史を継続する。とはいえ、無限の時間が老いゆく主体に永生をもたらすのではない。無限の時間とは諸世代の不連続性を貫いてより善良なものと化していく時間であり、子という汲み尽くしえない数々の若さがこの時間の節目をなしているのである。

　繁殖性において、自我は光の世界を超越する。とはいえ、それはある《イリヤ》の匿名態のうちに解消されるためではなく、光よりも遠くに赴くため、他所へ赴くためにである。光のなかに身を置くこと、見ること――把持に先立って把持すること――それはいまだ「無限に存在すること」ではなく、自己に戻ること、それも、より老いた自己、言い換えるなら自己を詰め込まれた自己に戻ることである。無限に存在することは、つねに起源にとどまりつつも、自らの実体を何の障害もなく刷新していく自我として――たとえ自我の自同性そのものが自我の実体のこのような刷新の障害となるとしても――生起することを意味している。哲学的概念としての若さはこのように定義される。繁殖性における息子との関係は光と夢の、知識と権能の閉じた界域にわれわれを閉じ込めるものではない。息子との関係は、絶対的に他なるものの時間――権能を有する者の実体そのものの変質――彼の超実体化〔実体変化〕の枠組となるのだ。（TI, 300-301／三九七―九八、強調はレヴィナス）

　繁殖性がなすこと、それは、主体を、諸々の可能事の把捉という有限な戯れのなかへの詰め込みから救い出すことだ。繁殖性は、存在の視点およびこれと背中合わせとなった主体の領分に結びついたある種の閉域から主体を救い出すのである。この閉域のことを、「光と夢、知識と権能からなる閉じた界域」とレヴィナスは言っている。したがって、自らの夢を保ちつづけ、人生のなかでそれを実現したかつての青年（多くの教訓的なハリウッド映画のヒーローたち）ですら、このような閉域のなかにいるのである。

ここで私はレヴィナスの知的歩みについて言及しておきたい。というのも、それによって、『全体性と無限』の最終的な展開を第二批判〔『実践理性批判』〕におけるカントの歩みに類似した問題として、正確に把握することができると思われるからだ。当為の根本的な定式（定言命法の定式）は確かに詳述され、異議が唱えられてきたが、それでもなお考えなければならないのは、善が、存在の次元で、倫理の普遍的で合理的な厳格な要請を選択する者へと回帰するのはどうしてかという問題である。カントはここで、現代の不可知論者の読者にとってはその非-神学的で宗教的教義から解放された演繹の崇高さを著しく弱めることになってしまうとはいえ、事後的に神と将来の生の不死性を導入することとなった。同様にレヴィナスは、どう見ても、前記の引用文のなかで、主体を有限性や存在の地平への幽閉から救い出すものが何かを見定めようと企てている。とはいえ、われわれの読解と理解が間違っていないのならば、この同じ主体は倫理の意味への開けをすでに学んでいたはずなのである。

どのように理解するべきか。私の考えでは、単に次のように理解すればよい。すなわち、われわれが倫理的責務を認識し、さらに、それを順守する生を生きたとしても、自由というシナリオ、諸々の可能事を把握するというシナリオを生きることの妨げにはならないのだ。われわれの実存のなかで「我ここに！（Me voici !）」を具体化する作業はどれも、このような自由な選択と可能事の選別に呼応している。われわれに責務を課す者として隣人を引き受けるという応答の様態は、自由の一つの使用例である。『存在するとは別の仕方で』を読んだ後にレヴィナスを別様に読んだふりをしている者たちは、公然と掲げられた方向性を見誤っている。つまり、われわれの実存の横糸はまさしく、漸増的に自己を詰め込んでいく自我の横糸なのであり、私の実際の歴史は、老いの歴史、自我という実体的かつ固定的な形象をますます堅固なものにする一連の選択の歴史なのである。

確かに、倫理的展望は、このような「現実」を隠蔽し、既得の識別可能なものを醒めた目で確認することよりも、自分が与えうる以上のものを私自身が探求することを優位に置く。倫理的筋立てのただなか、つまり、倫理的な感受性の点的な「歴史の外」で、時間は展開し、命令されたがゆえに還元することのできない若さの開示を改めて意味づけようとする。しかし、レヴィナスの著作から得られた主導的な内容としての倫理的筋立てという学説にとどまるなら、私は、これらの過剰な自己の無限化という局面をもってしては、のがれゆく無限化を綜合するような路線や地平を一つも構築することはできない。私は自分の運命を生きているのだが、ただし、この運命とは、〈他人に対して〉のはかない終末論によって恒常的に開かれている、あるいは恒常的に開かれうるものなのだ。

ここで、類比的に『全体性と無限』のなかでは歴史は全体性の時間的な名称のことであると提案することができる。歴史のなかでの諸事実の把捉は、補償という経済的な論理ゆえに現在の受苦の耐えがたさを無視する。それは、成就という観点に自らを位置づけ、内面性の本質的な所作としての延期を拒否することであり、時間的な綜合として、価値をすでに生成したものへと均すことである。歴史の、つまり歴史主義の歴史のこうした否定的な姿は、倫理的な呼びかけのもとで自らの生を引き受ける者によって明らかにそのつど否定される。それゆえ、倫理的な呼びかけに対するわれわれの応答は、実効的であるためにも、また恭しい意図を備えた非本来的な道徳に与しないためにも、歴史に住み着いていなければならないが、このような応答は、いわば「後ずさりするかたちで」、歴史のなかに身を落ち着けている。偽の価値と人格の圧殺のシステムという歴史そのものに抗議や抵抗をしないわけではないが、そのように歴史のなかに身を落ち着けているのである。しかしながら、そのように言いつつも、われわれは、そのつど主観性もしくは内面性の唯一の現在にしか属していない、点的ですでに位置を定められた歴史に対する反論しかいまだ行っていない。われわれは、これとは別の歴史に直面するとき、別の段階に到達することになる。この別の歴史とは、公的な歴史の全体化という路線のただなかで自分自身の軌道を織りなす、倫理的な呼びかけそのものに属する歴史である。レヴィナスにとってそうした形象に対応するものは、ユダヤ的な運命、ユダヤの民の聖史である。周知のように、これは、学びと律法の遵守を通じて倫理的呼びかけを伝達することに存する。だとすれば、繁殖性とは、個体的な生の水準において、同じような働きを実現するもののように私には思われる。繁殖性は、奉献のいわば横向きの開放という地位を持つばかりではなく、そのつどの倫理的状況において、倫理の無限化を個人の運命へと変貌させるのである。年老いて、自分自身を背負い込むとしても、私は、繁殖性のおかげで、そのつどの倫理的な開けの、無限の——命じられたものとして無限の——運命の主人公となるのであって、単なる演者でいるだけではない。あたかも繁殖性は、そのつどの倫理の筋立てに付きまとう垂直的な開放のヴェクトルに、その路線の素地を与しているかのようなのだ[1]。私の若さは、私の子の若さのなかで、非連続的なかたちで再開される。『困難な自由』におけるハヌカ祭〔宮清めの祭〕についての小論で描かれた精神の攻勢は[2]、他でもあれば我でもある再開のなかで、世界征服へと再び出発する。非連続性は徹底的なものであり、子は徹底的に他である。しかし子はまた、私の再開として、私の「炎」を再び抱くものとして、大胆さ、刷新、未聞のものの更新の炎として真に理解されるに値するものでもある。

この部分の結論として、次のことを指摘しておこう。聖史とは、よく考えてみるならば、実のところ単に繁殖性という路線と伝承という路線が重層的に重なり合うことである。生まれてくる子らには律法が約束されている。

彼らは、学び‐戒律の遵守という様態によって繁殖性を更新するはずである(3)。そして、ついでに言えば、ここでレヴィナスの思想とレオン・アシュケナジのトルドット〔歴史、系図、子孫などを意味するヘブライ語〕のテーマがはっきりと交差しているのである(4)。

もう一つの点を強調しておこう。レヴィナスが、繁殖性における刷新を、光を経由しない刷新と記述している点である。実際、無限化が「光のうちで」生じたならば、それは自己の、しかも自らの存在のうちで顕現するものとしての自己の無限化となってしまう。無限化はこうして、同一性の論理――これはレヴィナスにとって実体の論理でもある――のなかにとどまるのを避けられなくなるだろう。ところが、思い起こしておくと、繁殖性は非連続性として働くのだ。すなわち、繁殖性とは、再‐顕現でも、実体の増大や自己の予期の拡張〔「光と夢、知識と権能からなる閉じた界域」の拡大〕でもなく、むしろ、レヴィナスによると、もう一つの実体への移行、ずれ、変質、超実体化〔実体変化〕なのである。ところで、このような驚くべき形而上学的な飛躍は、光ならざるものという形式を通じた移行を前提としている。すなわち、エロス的なものを通じた移行であって、レヴィナスはその前の節〔エロスの現象学〕で、かかる移行の構想を描いていた。重要なのは、この暗い移行が、(a)人間を絶対的な暗黒のなかに設えるある、、への溶解ではなく、(b)光の彼方に赴くという点である。後ほど、(a)の分析に移ろう。(b)が意味しているのは、繁殖性の刷新による新しさとは、もう一つの補足的な顕現には決して還元されないということである。新しいものとは、自らを開示するある秘められたもの、呼びかけるもの、超越的なものが作動するようになるということであって、事物と形式の接合を新たに付加することではない。子がもたらす最上のものは約束の次元に属する。数学の百科事典に付け加えられる偉大な定理が、一般に、諸々の真理を綜合した完成形態と同時に、新たな問題や視座を提示するものであるのと同様である。もちろん、(a)は、闇が何を意味するのかをわれわれに思い起こさせる。すなわち、あるへの溶解である。これに対して、子への移行が、ある新たな実体、親子関係に沿った約束の付加にいたるとすれば、それは、あるの文脈では起こりえないものだろう。このことがさらに意味するのは、子へのこうした移行を、存在の総体的な――そしてそれ自身としては不条理な――過程性に従属した一つの過程と考えてはならない、ということである。たとえ、こうした移行が存在の次元で起こるとしてもそうなのだ。実際、周知の如く、われわれはこのテクストを「エロスの現象学」とのつながりのなかで読んでいるのだから、繁殖性への媒介はエロスによって、より厳密に言うなら、肉体的な性愛という間隔によって供給される。この間隔を一方ではあるから区別し、他方ではそれを忠実に、とはいえ教訓めいたものにならないかたちで把握し、理解することが重要なのである。

3　繁殖性のエロス的源泉

少なくとも私の経験では、「エロスの現象学」はフェミニズム的な議論の展望のなかで最も頻繁に考察されてきたが、これは正しい理解にとって最良の枠組みではない。

私にとってこのテクストで驚くべきは、次の二点にある。

まず、レヴィナスがエロス的な関係をいわば本質的に「卑猥な」ものと見ていることである。一方には、いかなるかたちの人間性にも害をもたらすことがないような融合や調和に即した、すでに昇華され、身体的な喜びと愛の情動から生まれるような肉体的性愛があり、他方には、他者の身体もしくは身体としての他者を物象化しその価値を貶めるアプローチとしての猥褻があるのだが、レヴィナスは両者を区別していない。われわれが捉えることができるのは、いささかの疑いもなく、レヴィナスが、これらの二つをまったく区別せずに同時に記述しているということだ。さらには、どちらかを選ぶべきだとすれば、むしろ猥褻な要素を選択すべきでさえあるということだ。私が思うに、この要素はそれ自体として次の二つの次元の重なり合いのなかにある。

一つは、慎みと猥褻さの結びつきで、これは意味の要素としての「女性性」(féminité)に帰せられる。ここで女性性と呼ばれているものは身体の露呈である。これは身体を、溢れる悦びを先取りした欲望の惹起として引き受けると同時に、まさに自分自身を隠し、このようなさらけ出しに恥じらいを付加する。この結びつきは、われわれが一般に性愛の卑猥と呼んでいるものを条件づけ、定義づけているように思われる。すなわち、他者の身体によって授けられ／約束され――約束されたものとして授けられ、あるいは授けられるものとして約束され――ることによって、享受の希望が瞬時に満たされるという経験である。ただしこの経験は、堕落とか醜聞といった体験と結びついたある種の(いつも踏み越えられる)慎み深さによってさらに高められるのだが。肉体的性愛のためには、他者の身体は、私にとって僥倖《ぎょうこう》でなければならず、根本的に脱主体化された価値のなかに押しとどめなければならない(たとえ、一切の道徳的な伝統が主張するように、こうした価値は客体《オブジェ》の価値であるという言明が厳密でなく不正確で、結局、まやかしであるとしても)。と同時に、他者の身体による表出的現前化を受けて、この僥倖を強引に焦点化して規定しようとすることは、現にある慎み深さの侵犯とみなされるし、そのように受け止められなければならない。この侵犯によって授け物／約束は降伏や失墜のようなかたちで彩られることになる。レヴィナスは、肉体的な性愛を、悦びに満たされたものとしての恥ずべきものとして実直に記述するという現象学的な作業に取り組み、現象とは無縁な理念化へと記述が簡単に逸れてしまうのを回避しているのである。もう一言補足しておこう。私の分析はまだ検証されていないが、それに従うなら、この記述は対称的なものである。私の推測によれば、肉体的性愛のなかで、女性はパートナーの身体を、あるいは身体としてのパートナーを同じように貪っているのだ。ただ、こうした対称性は、自分とは別の他人たちの「一人称での」現象学的な補足を要求するはずだから、レヴィナスは単に方法上の理由からのみ、この対称性を提示することを控えているのである。

レヴィナスの記述における第二の要素についてはすでに触れた。それは、〈いまだない〉との関係である。けだしこの要素は軍資金となるものだろう。つまり、レヴィナスにとって、女性の〈いまだない〉とは、まさに、繁殖性の地平を描く未来化の内容なのである。子という新たな実体にいたるために経由すべき――光であるでもない――もの、それこそがまさに〈いまだない〉なのだ。では、この〈いまだない〉をどのように理解するべきか。レヴィナスのテクストには多くの規定が与えられている。一方でそれは、女性がそれに即して現れるところの時間的カテゴリーである。これによって、女性は、まだ出来上がっていない存在――言うなれば小児愛的な挑発――として、お望みならば猥褻な無邪気さ（ここでも前述のものに帰着する）として現れる。さらには、存在よりも、そして倫理的な他性よりも軽き他性として現出する。単なる輪郭だけを、ある主体性の輪郭だが、おそらくは別の主体の輪郭でもあるような輪郭だけを掲げる「顔の彼方」の挑発として現出するのだ。他者のエロス化した身体のなかで現れるものとは、レヴィナスによると、一種の萌芽状態にある不安定さ、実際的な未来を一切包むエーテルのような、気泡のような要素である。こうしたものが裸で欲望をそそるエロス的身体の音調となっているのである（私の意見では、女性の本質を聖なるもの、非性的なものとする読者がどう考えようとも、以上の現象学的指摘もまた対称化しうる）。

これまで述べてきたことに付け加えれば、レヴィナスにとって、愛撫とは、こうした捉えがたい〈いまだない〉の前面に出てくるものである。これによって愛撫は、無限の憧憬（*Sehnsucht*）や、捉えがたいものの追跡となる。これによって、――愛撫が差し向けられるのは先-存在（pré-être）の輪郭に対してであって絶対的な他性に対してではないとはいえ――愛撫は形而上学的な欲望と関わるのだ。したがって、肉体的な性愛における他者への猥褻な侵入もまた、淫らな身体の〈いまだない〉に対する――我を忘れた――無限の追跡である。これこそが、エロス的な幸福の現象学なのであり、身体への、あるいは身体としての他者への接近を、志向的な類型として再構築する作業なのである。

　しかし、肉体的な性愛に関して今しがた提示された構図はいまだ不完全なものであって、レヴィナスの分析が捉え、かたちにしたものを正当に評価するものではない。次のような究極的な要素が残っている。すなわち、肉体的な性愛における他人は、「そのうえ」、倫理的筋立てにおける他人である。私はこの他人にすべてを負い、主人へと耳を傾けるように耳を傾けるのである。新たなはじまりをなす断絶において接近し、私の存在を支える〈いまだない〉を追跡するこの人物は、同時に私の隣人でもあるのだ。これは驚くべきことではない。明白にその問題に属する次元を当の問題から除外するというのはまず考えられないことだからだ。愛すること、それは、他者の倫理的な立場を抹消することではない。愛の関係は多くの点で、倫理の筋立ての神話やその意味に私が接近するための媒介となる文脈の一つなのだとさえ言いたくもなる（しかも、われわれの多くにとって、この意味や神話について何事かを知るのは、愛もしくは愛される状態というバイアスを通してだけである）。

　明らかに、この最後の観点は肉体的な性愛の猥褻な経験をあるから引き離すものである。実を言えば、〈いまだない〉の無限の追跡によって、あるとは両立不可能なものがすでに導入されていた。それはすなわち、端的に言うなら、欲望の原理的な非充足という規定である。

4　エロスと繁殖性の分節化

実のところ、レヴィナスは、エロスとは繁殖性へと向かう「光の外部」の道であり、その実験室にしてその送り出しであると主張している。このことをどのように理解するべきか。私はアプリオリに次の二つの読解は拒否するつもりだが、しかしこれらの二つの読解は、それが単純であるというまさにその理由で考慮に入れないわけにはいかないものである。

第一は、因果的、自然主義的な読解である。これによれば、エロスが繁殖性を送り出す、もしくは繁殖性へと送り出すのだが、それというのも性的な関係は、妊娠ならびに世界への子供たちの到来の原因となる出来事だからだということになる。もちろんこのような基盤は与えられているが、しかし、いつものように（たとえば、享受の場合のように）ここで理解しなければならないのは、この基盤が「人間のなかの最も人間的な」次元によって用いられる下部構造であり、レヴィナスはこの次元をあらゆる人間学を超えたところで提示しているということである（この点に関しては、拙著『人間の人間性』、特に「レヴィナスと人間学」と題された章を参照されたい(5)）。

第二は、これとは反対に、あまりにも直截に規範的な読解である。この場合には、レヴィナスの語っていることは、数十年ほど前によく話題に上った回勅『フマーネ・ヴィテ』に結びつけられてしまう。周知のように、この回勅のなかで教皇は、性的な行為はすべて出産につながらなければならないというカトリックの教義の条項に念を押している（この教義から引き出されるのは、ピルとコンドームの使用禁止である）。レヴィナスが提示する分節化は、この意味での、またこうした仕方で直截に規範的なものではない。

以上のことは、彼が使用する語句から即座に見てとることができる。実際、彼はエロス的なもののなかで追跡される〈いまだない〉は先-存在の輪郭に関わっているのであって、この意味で、「後に」生じるもの、すなわち、ある新たな人称的な実体に、子にふさわしいと言っているのだ。子とは、最も同とみなされやすい（つまり、一人称を男性形とする現象学にあっては同性の子、息子である）とはいえ、しかし同時に徹底的な非連続性のことである。

したがって、エロス的なものへのわれわれの関与についてのレヴィナスの記述は、端的に次のようなものである。つまり、そこでは、世界への子の到来は、もはやまったくに別のこととして、風俗喜劇がそれを題材としてわれわれを下品な笑いに導くような悪しき驚きとして現れることはない。羞恥の冒瀆の陶酔状態のなかでわれわれが赴く先は〈いまだない〉であり、それは、存在に関する一種の約束、未規定で始動的な約束、おそらく顔の彼方にある約束——そうした彼方が倫理的従属における廉直性のなかで垣間見られるものでないとするなら——であった。しかし、顔の彼方にあるといっても、それは「人間の使命」に決して無関係ではない。というのも、先-存在として描き出されるものは、光のなかで人間的な人格（子）として捉えなおされるからだ。われわれがわれわれ自身の猥褻な熱意をともなって赴く先にあるのは、生の刷新だということである。愛撫の追跡へとわれわれを導くあの空腹が、いわばわれわれ自身の重力を一切免れたある種の再開の方向へとわれわれを赴かせるのである（ここで、肉体的な性愛の経験を思い起こすべきだろうか。われわれはこの経験を通じて、いかなる点で、自分自身から離脱し、親密性のなかに予期せぬ再開の水源のようなものを見いだすという印象を得るだろうか）。

レヴィナスのエロスの現象学が提示し開陳するのは、こうした奇妙な連続性である。つまり、脱自におけるはかない刷新から、媒介と移行の役割を担う〈いまだない〉の志向性を経由して、繁殖性のなかでの現実的な刷新にいたる連続性である。

この問題の規範的な部分は、この連繋の全体に関わっている。われわれが人間の最も人間的なものとして体験しているもの、つまり、われわれが、非-存在論的な別離のようなかたちで体験しているもの、これこそが、〈いまだない〉によって分節化されるエロスから繁殖性への道程なのである。したがって、われわれは、カント的な意味での、つまり、「エロスがあるなら、繁殖性もある」というような型の暗に「病理的な」命法に関わっているのではない。むしろ。エロス／繁殖性という連繋は、人間の最も人間的なものを構成するのとは別の仕方で、転回の規範的な様態の水準に高められるのだ。

以上のことは十分明確になったとして、次に繁殖性が描く地平に戻ろう。この地平はこれまで十分に記述され概念化されることがなかった。

5　社会と繁殖性

何とも驚くべきことに、レヴィナスは繁殖性についての思考を、社会の全体的な開放という考えや、全体性の姿をとらない人間の集合性によって構成される外部性における多様性をめぐる記述のうちに組み込んでいる。その記述はかなり明確であり、『全体性と無限』の中心的な争点となっている。この書物は、全体性によって支配された「世界」の描写から始まる。この世界は戦争の虜になっており、戦争は、この世界によって権威を付与された平和のもとで維持される。そしてこの書物の到達する地点が、われわれがたどりついた「繁殖性の」集合性というヴィジョンなのである。われわれはこのヴィジョンを、さらに後の箇所、結論部分の「外部性と言語」

（TI, 327-331／四三二―三六）という節で提示された、全体性を作り出すことなき「外部性における多様性」の記述と対置しつつ解釈してみたい。

レヴィナスがこの節で提示しているものをまず思い出しておこう。社会的な多様性は諸々の「高さ」の多様性として、顔としての主体たちからなり対面関係を起点に見つめられる一連の「ヒマラヤ」のような多様性として理解されねばならない。こうした連結のなかにある主体の各々は、自らに認められた唯一の社会的な遭遇の様態、つまり啓示という様態に即して脱-全体化する。無限はそれゆえ、そのつど基礎的な水準で、倫理的関係という基本的な社会化の核がいわば起動するそのたびごとに生じるのだ。かくしてここでは、類が諸々の種の上に突き出る、あるいは概念がその下位審級の上に突き出るのと同じかたちで、一つの全体的な社会が諸々の人格的な個別性の上に突き出るようなヴィジョンが斥けられる。社会的なものを社会的たらしめているものは、集合、比較、包摂ではなく、むしろ二元的な啓示、倫理的筋立てに即した、主観的な独我論への善き侵入である。だから、こうした社会空間の原理は外部性の原理であって、この原理は、各人が義務によって他者へと結びつけられるまさにそのときに、各々の他者の把捉の彼方へと各人を無限に送り返すのである。お分かりのように、この原理は集合論的な集約を経由するものではなく、実を言うと、こうした集約を実行することも禁じられている。たとえ私が哲学者としてこの構造を社会に付与できるよう、全体性を知性の上では前提にするとしてもそうである。というのもその場合、主題化が現象学的な構築から分離されることになるからだ。社会的なものの主題化（これはそのものとしては全体化を行う作業である）は、全体化を経由するのではない社会化を含みもっている。いかにして全体化そのものがこの原初的な様態から理解されうるのか。いかにして隣接関係が近さから、正義が倫理の筋立てから理解されうるのか。この点は、『存在するとは別の仕方で』で説明されるだろう。ただし、そこでの説明は、系譜的な説明として読まれてはならない。このような説明は、いかなる意味で正義と隣接関係が倫理と近さに多くを負っているのか、また、いかなる意味で両者は、レヴィナスがそれについて練り上げた現象学、すなわち意味作用《シニフィカシオン》に多くを負っているのかを示すにとどまるからだ。

繁殖性に戻ろう。それを考慮することで、われわれが定式化した「外部性における多様性」に何が付け加わるのだろうか。レヴィナスは二つの仕方で、全体性ならざる社会への繁殖性の貢献として理解されるべきものを解明しているように私には思われる。

最初にあるのは、ある面でいささか「形而上学的な」条項である。レヴィナスは次のように記している。

> 超越は時間であり〈他者〉へと向かう。が、〈他者〉は到達点ではない。つまり、〈他者〉は〈欲望〉の運動を止めることがないのだ。〈欲望〉が欲望する他なるものはまた〈欲望〉であり、超越は超越する者へと超越する。これこそが父性、超実体化〔実体変化〕の真の冒険であり、この冒険ゆえに、主体の不可避的老衰による可能事の単なる更新の域を脱することが可能となる。超越——他者のために——、顔と相関的な善良さは、より深い関係を確立する。すなわち、善良さに対する善良さを。繁殖性を産出する繁殖性が善良さを成就する。善良さは贈与を強要する犠牲を超えた贈与の権能の贈与であり、子の懐胎なのだ。本書の冒頭で、われわれは〈欲望〉と欲求を対立せしめ、欠如とは異なる〈欲望〉を、分離された存在の自存性ならびにその超越であるような〈欲望〉を語ったが、かかる〈欲望〉がここで成就されるのだ。ただし、自足しつつ自分を欲求として認めることによってではなく、自己を超越することによって、〈欲望〉を産出することによって。（TI, 302／三九八–九九）

ここで示されているのは、繁殖性とは、超越が自らを超越していく諸様態の一つであるという考えである。後のテクストでレヴィナスは、他人と区別される純粋な超越という観念を導入することになる。この純粋な超越という観念は、他人の倫理的な超越との関連で二重の送り返しの関係を有している。一方には、私の胸のなかでつかえたままとなっている、他者の死の取り返しのつかなさがある。これによって私は、他人から出発して純粋な超越へと送り返される。他方には、形而上学的な欲望の対象としての純粋な超越がある。こちらのほうは、私を他者へと送り返し、無限の「無関心ならざること」(non indifférence) がいわば他人によって明確化されるようにする。レヴィナスは、このような超越の機能を表現するために、善良さ (*bonté*) を筆頭として数々の用語を導入することになるが、これはわれわれの倫理的な服従が偶像崇拝に陥らずいわば「開かれた」ままであるために本質的な機能である。われわれが引いた文章で、この区別、つまり顔から区別され、顔と対立し、顔から分離するこうした超越の様態が、繁殖性の超克の運動に結びつけられている。欲望は第一義的には倫理的な関係のなかで成就されるが、その後、最初の成就から解放され、繁殖性の超実体化〔実体変化〕のなかでいわば再活性化する。繁殖性の超実体化は、「贈与の権能の贈与」である。そのなかで、またそれによって、われわれの倫理的な性向は新たな倫理的な性向へと広がっていく。ここに生まれるものこそが、「形而上学的な欲望」の高度な成就なのである。この成就において、私の義務の無限性はそれ自身としては不安定なものとなり、私の子に対する義務の無限性へといたる。この再活性化と成就という出来事、再活性化による成就の出来事——これが、レヴィナスの用語法のなかでいつも「善良さ」もしくは「善良さに対する善良さ」と呼ばれるものなのである(この成就を非成就と呼ぶこともまたできるだろうし、われわれもそう記しているところもある)。

先ほど説明された事柄においては、直接的なかたちではないにしても、社会的なものがすでに問題となっている。実際レヴィナスは、少し前の部分で、「存在は多様なものとして、〈同〉と〈他〉に分割されたものとして生起する。これが存在の究極的構造である。存在とは社会性であり、それゆえ時間である」(TI, 301/三九八)と語っている。ここでレヴィナスは、未来としての時間性は自我-他者の間隔によって意味を持つが、この間隔こそが社会と時間の基体となる核であり他と本質的に連合する一なのだと指摘している。かくしてわれわれは、繁殖性の成就という再活性化は、二元的な前-社会が自分自身を超えたものへと開けていくことの現象学的な諸様態の一様態だということも理解できるのである。

実際これは、レヴィナスが、家族と兄弟関係に関する分析のなかで、いわば繁殖性による社会的なものへの贈与として展開したことである。彼は、繁殖性の相関物、すなわち家族における子の選びについて次のように説明することから始めている。子は過去に依拠している。その存在は彼だけのものではない。それは、彼を保護し召喚する親の存在にまで遡るのだ。繁殖性による超実体化を生じさせる場は、他となった同という形而上学的等式ではなく、むしろ親から子へと打ち立てられる選びの命令である。それによっては子は、命令の意味へと召喚され、始まりとしての若さが持つ軽快さによって躍動する新たな実現のなかで、かつて親の生を統御していた諸々の理想に自らの実践を合わせねばならないものとして規定される。レヴィナスが強調するには、この選びは拘束ではない。選ばれた者(子)はそこでは自由であり、自ら忠実さを生み出す。しかし、この関係は実際には兄弟関係と平等性をはみ出してしまうのだ。こうした追加的な次元を見るために、もう一度レヴィナスを読んでおこう。

したがって[…]、選ばれた者としての独り子は唯一性であると同時に唯一性ならざるものでもなければばならない。父性は無数の未来性として生起する。それゆえ、産出された自我は唯一のものとしてと同時に兄弟の一人としても世界に実存する。私は自我であり選ばれた者であるが、他の選ばれた者、同等の者たちのなかから選ばれるのでないとしたら、どこで私は選ばれるというのか。かくして、自我としての自我は他人の顔のほうへと倫理的に振り向くのであって――兄弟関係とは私の選びと同等性双方が成就されるような顔との関係そのもの、言い換えるなら、〈他人〉によって私に行使される統御なのである。自我の選び、自我の自己性それ自体が特権ならびに服従として現れる――というのも、選びは自我を他の選ばれた者たちの只中にではなくまさに彼らの面前に置き、それによって自我を彼らに奉任させるからであり、そしてまた、選ばれた自我の責任の大きさをこの自我に代わって測りうる者は誰もいないからである。(TI, 312/四一四)

この選びの関係は、レヴィナスが被造物の位相(これを、彼は存在論的な様態において理解しているわけではない)と随所で命名しているものに対応しているのだが、それはこのように単に単数的なものであるだけではない。選びは兄弟たちと共有されるのであって、このような情勢こそが、筋書《シナリオ》の根本的場面なのである。絶えざる選びが平等という非存在論的な観念を基礎づけるのだが、この観念は、(通常の場合平等という概念に属するような)任意の存在論的な領域における一致を意味してはいない。そうではなく、この観念は、かかる領域において感知される一切の偏差を統御し、相対化するのである(私としては、次のように言っておきたい。第三者たちの社会のなかで脱-追放(dé-relégation)を厳命し、利己主義を禁ずるものとして拙著『左翼と平等性』で述べた平等原理は、こうした平等に基づいている)(6)。繁殖性はしたがって、兄弟たちの、あるいは兄弟関係の社会空間を規定するのであり、この空間において諸個人は、いわば全体性を禁ずる超越の様態に即して互いに結びつくのである。繁殖性から導出された家族における選びが社会的な多様性に付け加えるのは、選びの分有、つまり、全体化ならざる要請たる兄弟関係と平等性であって、それらは、人々を包摂するのとは別の仕方で彼らの結合を呼び起こす。それゆえ、顔の呼びかけと顔が召喚する開かれた二元的な紐帯によってあらかじめ構造化された倫理的なヒマラヤの、外部性における多様性は、兄弟関係と平等性によって補完的に構造化されているのである。実際、レヴィナスはこのことを、『全体性と無限』に明らかに登場している第三者に関する個所ですでに論じている（Cf. TI, 233-236／三一〇―一四）。しかし、この個所では、他人の命令から父の命令への移行は説明されていない。それは、いわば、「突然降ってきた」ように見える。ここでわれわれが見てとることができるのは、繁殖性における超越の自己‐超越こそが、社会空間の家族的な性質を導き出すもので、そこに平等性と兄弟関係の意味が結び付けられるということだ。

よく知られている解放の政治ならびに社会的正義に関する伝統と比較すると、ここには、ある重要な革新が見出されるが、この革新は多くの者を驚かしかねない逆向きの強調に結びついている。事実、家族は、世界を自由と平等によって変貌させる企てが立ち向かう相手たる権威的で保守的な核ではない。それはむしろ、諸々の意味の地平が出現する中心そのものとして現われる。「全体性と無限の地平」、つまり、倫理の筋立てという偉大な設定に結びついた――社会的・歴史的な実効性を有した――具体的な目的の導出は、何にもまして家族を経由するのだ。社会は、言ってみれば（繁殖性を経た）終末論を社会に供する本質的な契機として家族を包摂するのである。

以上のことから、レヴィナスは次のような結論を提示している。

人間的自我は兄弟関係のうちに定位される。すべての人間が兄弟であるということは道徳的な成果として人間に付加される事態ではなく、人間の自己性を構成している。自我としての私の定立がすでにして兄弟関係のうちで実行されているがゆえに、顔は顔として私に現前しうるのである。兄弟関係においては、他者自身がそれ以外の他人すべての連帯者として現れるのだが、このような兄弟関係における顔との関係が社会的秩序を構成する。社会的秩序とはいかなる対話も第三者と関わっているということであって、第三者とのこの関わりゆえに、〈われわれ〉——党派——は対面という対峙を包摂し、エロス性を社会的生へと開き、意味性と節度にほかならぬこの社会的生が家族の構造そのものを包摂するのだ。社会的生において、自我が消失することなく善良さを約束され、善良さへと召喚されるのだが、エロス性とそれを構造化する家族が社会的生に勝利の無限の時間を保証するのであって、この無限の時間を欠くとき、善良さは単なるひとりよがりとしての主観性、狂気の沙汰と化すであろう。（TI, 312-313／四一五、強調はレヴィナス）

こうしてわれわれは、選びにおける兄弟関係が、極めて強い意味で社会的秩序を構成するということを見てとることができる。言語的な呼びかけは兄弟関係の霊感《アンスピラシオン》のもとで第三者と関わり、人格的自己性はそこで自らの立場を得る。こうして「構成された」社会は、つまり、倫理の筋立てによって教えられた社会に合致する社会は、意味性《シニフィアンス》と節度を有した社会であり、各々の人格的な存在に、勝利の地平、良き社会が成功するための終末論的な路線を供する社会なのである。主体はしたがって、自己自身を詰め込みながら生きることで抜本的な更新を汲みつくしてしまっているのではないのだ。

引用箇所で、「自我としての私の定立がすでにして兄弟関係のうちで実行されているがゆえに、顔は顔として私に現前しうるのである」と記すとき、レヴィナスは、自分自身の著作を支配している前後関係を逆転させているように思われる。この個所を読み、解釈するにあって、われわれは次のような二つの階層を混同しないようにしなくてはならない。

レヴィナスが描き出す最も人間的な人間性という秩序においては、われわれは、被造物の選びという位相で生まれる。そして二元的な筋立てにおける倫理の意味とは、われわれが意味作用《シニフィカシオン》の現象学として独我論的に描くものとは別のものである。われわれは、それに向かって、家族、伝承された価値、自由の何らかの修練、義務の修練によって備えを得て、導かれるのである。すなわち、良質の自己性として介入するためにも、私はすでにして兄弟であり選ばれた者でなくてはならないのだ。理念性を経験したり作動させたりすることは伝承に依存している。人間は、いつも、人間のうちで最も人間的なものを忘却してきたのかもしれないが、このような仮説を立ててしまうと、レヴィナスは読解不可能となるだろうし、倫理的筋立てを、われわれの経験を解明する一つの神話のように読むことはできなくなってしまうだろう。

ところが、それとは別に、『全体性と無限』が提示する諸々の意味作用《シニフィカシオン》すべてを上演するための秩序ないし順序がある。それに従うなら、繁殖性、兄弟関係、家族は「後から」、つまり、超越の自己-超越を記述する顔の彼方へと題された第四部において到来するのであって、それゆえ、すでに超越というものをわれわれが理解していることを前提とすることにもなるのである。

以上のすべては、多くの理由で複雑なものとなっている。理由の一つは次の点にある。レヴィナスは、自らが教え伝えるべきあらゆる要素が共存し、連帯し、同時に存在しているような、いわば哲学のフレスコ画のなかに住んでいるということである。このことは、例えば第三者に関する文章のなかで、彼が、繁殖性に先立って、兄弟関係、父性、平等性をすでに喚起しているという点に現れている。もう一つの理由は、彼がこの書物を、形而上学的な欲望という形象《フィギュール》でもって始めているが、この形象は本質的に教育的な構造を有している。この形象は、われわれが倫理的筋立ての教えを受けるのに先立って理解することができるものに対応している。それは、欲望を満足させうるものをわれわれに探求させつつ、われわれをこの形象に到達させうるものである（ただしこのことは、形而上学的な欲望が、レヴィナスの現象学的な説明のなかで第一のものであることを意味していない）。

これらの困難にもかかわらず、以上の分析の結果、レヴィナスが自らの主著にもたらした終末論的な考えの大要を包括的に理解できるように思われる。これまでの議論を取り上げ直し、そこから、われわれの出発地点にあった問いへの答えを引き出すことで結論としたい。

結論

以上のように一通り見てみると、いくつかのことが改めて明確になるように思われる。『全体性と無限』の、いや、実を言うとエマニュエル・レヴィナスの哲学全体の根本的な教えは、次の点に帰着する。すなわち、顔を前にした――それを聴取し、その救援に向かうという――われわれの倫理的情動を通じて、われわれは不条理（あ
る）から脱出し、意味《サンス》の領域に到達するということである。この点について、またこの観点からすると、倫理とその筋立てだけで十分であり、これによって、存在するとは別の仕方という様態が開かれ、どれくらいの質料、どれくらいの空間、どれくらいの時間、どれくらいの分割かと倦むことなく問う存在の算定可能性から逃れることが可能になる。人間的実存は倫理的筋立てによって瞬間的な現在のなかで贖われ救

済されるのであって、他のいかなる仕方によっても励まされず、また、励まされる必要もないのである。

しかしレヴィナスは、このような基礎となる核を超え、超越の単なる確証や、存在するとは別の仕方という様態の単なる侵入を超えたある種の終末論を説いてもいる。われわれは、投企という様相でこうした様態を祝福して生きるよう呼びかけられている。さらには、この生よりももっと遠くへ向けての希望に関与するという無限の投企という様相でも、そのように生きるよう呼びかけられている。ここでの根本的な教えはしたがって、この無限の投企を規定する地平とは社会的なものの地平であり、この社会的なものとの関連で全面的に規定されるということである。倫理的筋立ての基礎となる核は、社会的なものの意味をすでに所有しているが、レヴィナスが自らの著作のなかで何度も語っているように、これは、社会的なものについてのすべての観念がそこに依拠しているような意味の萌芽である。ところが、この倫理的筋立ての核は、それに固有の争点やテンポによって、自らがすでに含み持っているはずの地平の手前にとどまることもありうる。もしわれわれが二元性の砂漠のような単純さのなかで〈他者に対して〉を理解し生きることがなければ、倫理的筋立てとは何なのかは分からないし、十分適切な仕方でそれに与することもなくなってしまう。もともと、倫理的な情動において呼びかけられた運動は、人格に端を発し、人格へと赴くはずであった。つまり、他人の価値を脱世界化、脱存在論化しても消されることのない、人格性の核へと赴くはずであった。しかしながら、この地平は、二元的な筋立てを乗り越えることを、しかもすでにこの筋立てそのものによって呼び求めるのだ。そして、二元的なもののこのような超克の意味をかたちづくる新たな筋立ての文脈を提供するものこそが、繁殖性なのである。ところで、かかる言い回しにおいて、この意味は社会的なものの基底的倍音を組み込むことになる。子と親はすでにして一つの社会を形成する。それは、同たる他と同との社会であり、子が親に足掛かりを持ちつつ、親の命令から指針を受け取るような選びの社会である。こうしたミクロな社会の彼方で、繁殖性は社会全体を、親性という時間構造でもって触発する。そして兄弟関係はまさにこれによって肯定されるのである。他方、このミクロな社会の手前では、繁殖性はエロス的なものの社会へと差し向けられる。この社会は、レヴィナスが愛について他所で提示する批判的な見方に即して二者の孤独として規定されるのではなく、むしろ、猥雑と間人格性の並置における、〈いまだない〉への緊張関係として規定されるのである。

レヴィナスがわれわれの人間的な、あまりに人間的な生に対して提示する終末論的なものとは、したがって、あますところなく社会的なものによって構成され、社会的なものの諸様態からなり、社会的なものの時間的な秩序立てでもって構成されている。この意味では、この終末論的なものとは、「永遠の生」というスタンダードな終末論ではない。「無限の若さ」としてわれわれに約束されているものは、社会における〈存在するとは別の仕方〉という様態の無際限の再活性化なのである。ここでは、律法のもとで生活し、タルムードに忠実で、学びと遵守とを引き受ける人間に与えられた地平との類比が妥当であるように思われる。そうした地平を付与することがカバラーの使命である。この点に関して私は、ラビ・アシュラグが提示した解釈のみを採り上げておこう。目的は、受け取ることだけに専心した人々を、「与えるために受け取る」ことに努める者へと変容させることである。だがラビ・アシュラグは、エン・ソフ〔無限〕やツィムツム〔収縮〕という神学的にも見えかねない言語でもって、さらに付け加えて次のように言う。かかる成就は、起源の収縮に先立つ、そのものとしてのエン・ソフの完成を再生させるだけのものだと理解されるならば不条理なものと見えるかもしれない。これに対してラビ・アシュラグは、そのような読解は間違いであると言う(7)。こうした控え目な定式によって彼が期待する善良な人間的社会は、そのものとしてのエン・ソフとはまったく別のものである。この社会とは、その実測図に照らすなら、未曾有の発明なのである。ということはつまり、神学的な理解は不適当で、また、終末論は存在論的な用語でしか理解されないような完全性に応じて変動するものではない、ということである。社会的なものとの関連で定式化された終末論とは、完全なるものの到来ではなく、〈存在するとは別の仕方で〉という様態によって祝福された世界、正しく情動を揺さぶられた社会性の軸に従ってあらゆる冒険を構築するような世界、驚嘆としての外部性を掘り下げていくことなのである。

（合田 正人／渡名喜 庸哲 訳）

注

（1）しかも、レヴィナスは第三部の終わりで、こうした第四部の意義をきわめて明確に示している。Cf. TI, 277／三六八。

（2）Cf. Emmanuel Levinas, *Difficile liberté*, Paris, Albin Michel, 1976, pp. 319-322.〔「明暗」『困難な自由』合田正人・三浦直希訳、法政大学出版局、二〇〇八年、三〇四–〇七頁〕

（3）この点に関しては、次の拙論を参照。Jean-Michel Salanskis, « Tradition et formalisme », in *Talmud, science et philosophie*, Paris, Les Belles Lettres, 2004, pp. 65-87.

（4）Cf. George Hansel, *De la Bible au Talmud*, Paris, Odile Jacob, 2008, pp. 175-182.

（5）Cf. J.-M. Salanskis, *L'humanité de l'homme*, Paris, Klincksieck, 2011, pp. 125-161.

（6）Cf. J.-M. Salanskis, *La gauche et l'égalité*, Paris, PUF, pp. 81-107.

（7）私は、ここで、ダヴィド・アンゼルに教えてもらった解釈に依拠している。

複数の序文　言語の意味性について
――『全体性と無限』から出発して――

トマス・ヴィーマー

はじめに――愛の宣言

本稿は『全体性と無限』における言語の意味性（signifiance）を対象とする。そして「から出発して」という限定は、私がこの主著だけに留まるのではなく、より広い哲学的言説に属するものとしてこの主著を考えるという意図を指示している。それゆえ、ときおり私はこの言説のその後の展開にも立ち返らせていただく。とはいえ、それに取りかかるまえに、私は愛を宣言することから始めなければならない。

『全体性と無限』はおそらく、私がこれまで出会ったなかでもっとも見事でもっとも魅力的な哲学書の一つである。『全体性と無限』は思考の新しい世界を開いている。この著作で問題となっているのは、人間たちの共同的な生を規定する諸現象のなかにある、一見すると自明ではないがそれでもやはりこれらの現象に含まれているようなさまざまな意味作用を浮き彫りにし、理解させることである。その含まれているさまを観察してみるのは非常に面白い。これらのページを読む者はしばしば、ロシアの民芸品として売られている、巧みに彩色された木の人形を見つめているような気になることがある。それらを見つめ、ひとはなんらかの人形についての考えを抱くのだが、もっと近くから見てみて気づくのは、こうした人形のなかには別の、似てはいるがより小さい人形が含まれていて、そのなかにはまた別の人形が含まれ、そしてそれが続いていく、ということなのである。

『全体性と無限』は、そのあとを受ける諸著作と同様、二十世紀に途方もない規模で行なわれた人間の殲滅が残した、消えることのない影響のもとで書かれた著作である。この著作は、「現実的なものにおけるもっとも明白な事実、〔…〕現実的なものの明白さそのもの——あるいは真理——として」（TI, 5／一四）戦争を語っており、現実を支配する戦争の遍在性と、西洋思想を統御する全体性の概念への方向性とのあいだに対応関係を見ている。それにもかかわらず——あるいは、まさにそれゆえに——この著作は、この現実そのもののうちにある異なった意味性の痕跡を解読しようと努めるのである。そしてこの著作は、この異なる意味性がいかなる意味で存在と戦争の現実に結びつけられつつも、この結びつきに飲み込まれてはいないのかを示そうと試みる。

『全体性と無限』は、西洋の哲学的伝統のスポークスマンたち——明示的にはプラトン、デカルト、フッサール、ハイデガーであるが、しばしば暗示的な仕方で——に応答した、学識豊かな著作という外観を呈している。しかし、同時にこの学識豊かな著作は、戦争を準備し戦争を新たに繰り返すような、人種主義、意見を異にする者たちの抑圧、無関心、あらゆる種類の利己主義《エゴイスム》に反対し、この反対を哲学的に正当化している。この著作がそれらに反対するのは、情に富んではいるが素朴であるようなイデオロギーの名においてではない。この著作がそれらに反対するのは、私《モワ》に向けられる無際限の倫理的懇願の土台としての——あるいは深淵としての——他なる人間の他者性を真剣に捉えることによってなのである。相互主観的関係における他なるものの特権を強調し、それが第一に私を、この私《モワ》を見つめるものであり、一般化されることのない状況であること——それが第一に私を、この私《モワ》を見つめ、自分の応答のために誰かに代わりになってもらうという選択肢を私に残すことのない状況であること――を強調することによって――つまりはこうした非対称性を強調することによってこそ、この著作はそのラディカルな性格の一切を――この著作を特徴づけるとともに、この著作がもたらす励ましの言葉を意味してもいるような要請を――獲得するのである。

私はこの本の細かい論点のすべてを、とりわけ女性的なものと〈愛される女性〉についての考察を理解したとはいえない。白状するならば、結局のところ私は、哲学的伝統の主要な思想の潮流に哲学者として対立するという試みは必然的に、この潮流をその目に付くいくつかの特徴へと還元し、実際に存在するさまざまなニュアンスや内的な差異化のなかでそれを捉えるのを放棄することに帰着せざるをえないのではないか、と自問したことがある。いずれにせよ、このことはさきほど語った魅力を損なうものではない。この本がもつイメージや、アプローチや、驚くべき結論の豊かさ、分析の力強さ、そして推論の大胆さは、涸れるとも思えないほどの着想の潜在性を生み出している。すなわち、考察をめぐらしたり、自分自身の日常的生の現実に反論し、よりよく理解し、また同時にそれを見つめる際の着想であり、社会的・政治的な諸条件を別の光のもとで見つめる際の着想である。これらの諸条件を別の光のもとで見つめ、この本の精神においてそれらを変革する際の着想である。

1　『全体性と無限』における言語

おそらく以上の前置きは愛の宣言としてはいささか長いものだろう。しかし、はからずも以上の前置きはわれわれの主題《テーマ》の核心へと――そのさまざまな困難の核心へと――われわれを導いてくれたのである。かくも徹底《ラディカル》した仕方で自らの主題を取り扱っている一冊の書物について、いかにしてこの書物を超えたところから語ることができるのか？　たしかに、今日のわれわれ自身の主題はこの書物全体ではないし、その各章を通じて表現されている思想ではない。われわれ自身の主題は、この書物から出発して説明される言語の意味性である。しかし同じことである。困難は残り続けるし、しかもそれはかなりのものなのだ。どのような困難だろうか。

『全体性と無限』には、語の厳密な意味での言語論は含まれていない。しばしば『全体性と無限』では、言語、表出、言説、教え、語ることと語られたことが話題となっているし、エクリチュールや意味作用が話題となってはいる。しかし、これらすべては体系的な仕方で取り扱われているのではなく、たいていの場合には「迂回によって」、第一に問題となっている他の現象や布置の文脈のなかで取り扱われているのである。

『全体性と無限』は、主観的かつ相互主観的な出来事《アバンチュール》として、応答責任の劇《ドラマ》として、言語を論じている。この応答責任の劇は、分節言語に先立って生起するものであり、分節言語が十分に捉えることのできないものである──なぜならば、この劇は、それについて確認したり言表したりできることを決定的な仕方で乗り越えてしまうからである。それではどうやってそれについて語るのか？　この問いへの答えを見つけるとすれば、『全体性と無限』の言説を注意深く検討しなければならないだろう。つまりこのことはテクストの言語学的・文体論的な分析を要求するのだろうが、一講演の限界内でそれを行うのは難しい。

次に認めなければならないのは、『全体性と無限』は哲学書としてこれほど独特で独創的でありながらも、空から降ってきたわけではないということである。この本を理解するためには、その歴史的文脈や同時代的文脈を考慮に入れなければならないし、レヴィナスの思想の来歴や、彼が応えているさまざまな立場を考慮に入れなければならない。これらすべてのことは、単なる一講演の限界内ではほぼ不可能である。

ところで、困難とは乗り越えるためにあるものだ。講演に求められるものは、随筆や博士論文に求められるものとは異なる。私が『全体性と無限』における言語の主題を、この本の複数の序文から出発して取り扱うことを決めたのはそのためである。そうすることで、私は内容に対して、そしてまた形式の側面にも注意を促したいと思う。すなわち、一方で問題となるのは、これらの序文が言語の意味性について語っていることを標定することであり、また他方で私は、『全体性と無限』のエクリチュール、とりわけこれらの序文のエクリチュールがどのようにわれわれの主題を演出し、それによってどのようにこの主題を性格づけているのかという問いに注意を払いたいと思う。

2　哲学書における序文の役割

ところで、複数の序文を介してこの主題を取り扱うのはなぜか。哲学書は、予備的注記ないし、メタ的言説によって事後的に引き渡される説明をもはや必要としないほど明快で理解可能な仕方で、自らの主題を展開していると申し立てるべきものではないのか。その意味で序文とは、この著作は独力では十分に理解されるような状態にないことを、そして、自らを説明し弁護するためには前書きのなかに逃げ場所を求める必要があることを示唆することで、あとに続く本文への信用をただちに損なってしまうものではないか。無論、このような見方だけが採用できる見方というわけではない。序文とは、補足の情報や、言い訳や、事後的な説明よりも多くのものを含むことができるし、著作のおもな考えの素描や、性急な読者のための要約以上のものを含むことができるのである。

序文は、著作の入り口で著者が読者に対して述べる招待、歓迎の言葉として理解されることができる。書物はすべて、それらが含む一切のものとともに、まずは読者に向けられたメッセージであって、序文の役割はまさに、読者への差し向け《アドレス》というこの次元を強調し、明瞭な仕方でそれを言い表すことである。冒頭から関心を呼び覚まし、出発点と到達点を明確にし、ステップを指示し、予見されうる危険と障害に注意を促し、指標となる点を提起することによって――要するに、言うべき事柄の冒頭には、それに先立ってすでに別の事柄があるのだということを示唆することによってである。こうして見た場合、序文は特別な注意を払うに値するものであり、言語の意味性を問う視点においてはますますそうなのだ。さらに付け加えて、『全体性と無限』に関して言うならば、著者はフランス語での初版の二五年後〔一九八七年〕、ドイツ語訳のために第二の序文を作成している。その結果、以後この著作は二本の序文をもつこととなった。レヴィナスがほかの言語での翻訳に際してさらに別の序文を書いたことがあるのかどうかを確かめていないので、少なくとも二本と言っておく。

いずれにしても、四半世紀経ってようやくこの本を自らの言語で知ることができた公衆に向けられた第二の序文の特殊性は、別の言語、別の時代の読者に向けられた新しいメッセージにおける著者の強調点のずれに注意を払う機会を与えてくれる。著者が四半世紀後に選んだ語調と注釈の主要な違いはどこにあるのだろうか。本の中身は変わらず同一だが、対してその形式は別の言語への翻訳によって変容を被っており、また他方で、著者にとってのこの本の意義も――彼の思想の進化のおかげで、また、原書の出版によって得られた批判的注釈や建設的注釈のおかげで――変わった可能性がある。

一九六一年の序文のなかで言語の意味性がはっきりと問題となっているのは一度だけ、テクストの末尾で、序文の役割について考察している一節においてである。序文の言葉は――とこの一節は言う――誓約として与えられるわけではない。言語の本質そのものが、「前書きあるいは釈義によって、自らの文章をあらゆる瞬間に解体すること、語られたことを撤回すること、そして、致し方ない仰々しさのなかですでに誤解されてしまったものを――語られたことはこうした仰々しさのなかで自己満足に陥るのだが――格式ばらずに語り直そうと試みること」（TI, 16／二八）に存するからである。

この主張の意味は即座に導き出されるわけではない。しかし、あとに続く各章のなかで、レヴィナスが他者の顔のうちに義務の関係を発見し、この関係を表出（*expression*）として、言説（*discours*）として、一切の語られたことに先立つ最初の言語として理解しているのを読むならば、そして、顔の表出が似たような仕方で、すなわち自らの可視的な輪郭をあらゆる瞬間に乗り越えるものとして、自らを表出するものとして、私に教えるものとして、私に訴えかけ、応答するよう私に強いるものとして性格づけられていることに気づくならば、そのときはじめて、序文という条件が言語の本質そのものを言い表しているのはいかなる意味においてなのか、そして、語られたことを撤回するのが必要なのはなぜなのかがよりよく理解される。この語られたことは、つねにすでに、〈他人〉への関係のうちに含まれたこの倫理的意味性という自らの出自を忘却したり、隠蔽したりしている。それゆえ、語られたことを撤回し、それを別の言葉で語り直す必要性があるのである。

これと同じ視角において、翻訳もまた「言語の本質」に属しているという仮説を付け加えることができるかもしれない。なぜなら、翻訳はと言えば、すでに語られたことないし書かれたことを別の仕方で語り、別の言語共同体における新しい表現をそれに探してやろうとするからである。そうすることで、この新しい表現は、それ以前にすでに語られていたことないし書かれていたことの代わりに置かれるだけでなく、同時に元々の言語がもつさまざまな特殊性を外国語のなかに移し替え、それによってこの言語をほんのわずかであれ変化させる。そして翻訳のなかで起こっていることは言語の機能に関しても働いている――ただし、レヴィナスがそうするように言語を、〈他人〉への非対称的な関係から出発して、すなわち、この関係のうちで結ばれているひとたちの分離を保ち続けるような関係から出発して理解するという条件つきであるが。哲学の主題的言語も、日常言語とまったく同様に、この起源を――そして、それによって言語の倫理的な骨組みを――歪曲したり、あるいは「裏切る」ことを避けることができない。だからこそこの言語は「あらゆる瞬間に」、こうした「撤回」の運動を必要とし、表現の新たな形態の探求を必要とするのである。

3 『全体性と無限』ドイツ語訳の序文

『全体性と無限』のドイツ語訳のために書かれた一九八七年の序文のなかで、レヴィナスは、別のより簡潔で省略的な形式のもと、そして『存在するとは別の仕方で あるいは存在の彼方へ』〔以下『存在の彼方へ』〕を準備する諸著作から好まれていた文体によって、この本の主題と目的を語り直している。すなわち、存在、知、認識と意識の全体性を理解し、理性と有意味なものの世界を理解しようとする西洋哲学の探求、こうした探求の一切は、それがどれほど必要なものであろうとも、有意味なものの究極的な審級に導くことはできないということである。なぜならば、さまざまな原理や一般的なものを――その意味で全体性を――把握しようという配慮のうちにあって、こうした探求はたいていの場合、他なる人間の唯一性に対して、そして他なる人間の貧しさ、孤独、異邦人という条件、死ぬことに恐怖を抱く者という条件の意味性に鈍感であったし、盲目であり続けてさえいたからである。他者の他者性、すなわち、認識行為や理論の所有的で包括的な運動に抵抗する他者性のうちに、

『全体性と無限』は原初的な意味性の場面を読み取っている。

〔…〕人間の裸性は私に呼びかける――私がそうであるこの私《モワ》に呼びかける――この裸性は、保護するものも弁護するものももたない、裸性という自らの弱さによって私に呼びかける。しかし、この裸性はまた、命令的であると同時に無防備でもあるような奇妙な権威、すなわち人間の顔のうちなる神の発話および言葉によっても私に呼びかける。顔、すでにして語に先立つ言語、世界に属する固有名や称号や諸範疇のもとで顔が自らに与える平静さ――あるいは顔が支える平静さ――を奪われた、人間の顔という根源的言語。根源的言語、すでに要求であり、まさに要求であるかぎりで存在の即自においてはすでに悲惨であり、すでに物乞いの境遇であり、しかしまたすでに、死すべき者に対して、隣人に対して、私自身の死がどうであれ私に責任を負わせるような命令である。困難な聖性、犠牲のメッセージである。価値ないし〈善〉の起源、人間に与えられた命令《オルドル》における人間的秩序《オルドル》という理念。未聞の言語、語られざるものの言語、〈筆記＝聖典《エクリチュール》〉。(2)

まさにこの一節は、『全体性と無限』で開かれた哲学的言説が、西洋哲学史の大部分を支配する全体化的思考を根本的な仕方で問いに付すことを目指すのがいかなる意味においてなのかを理解させてくれる。それは、人間の条件がそもそものはじめから、そして単に、戦争や、承認をめぐる闘争や、あらゆる代価を払ってあらゆる手段を通じて追求される存在への固執によって決定されているわけではないという事実あるいは経験を真剣に捉えることによってである。そのかわりに、人間の条件は、他なる人間との乗り越えられない分離――解消不可能な結びつきのただなかでの分離――という劇によってしるしづけられているという事実あるいは経験を真剣に捉えることによってである。さまざまな意匠――欲望、言説、他者の-ための-存在、歓待性、繁殖性――の助けを借りながら『全体性と無限』の探求が提案するこの劇の哲学的解釈は、人間存在の脆弱さ、貧しさ、欲求、そしてまた人間存在の尊厳と唯一性に気を留める。つまり問題となっているのは、主題化する思考と言語を逃れる超越の意味性――とはいえこうした思考と言語はこの超越に由来する――へと哲学を立ち返らせることである。この序文は、「とはいえわれわれのうちにある人間性の一切に命令を与えるような、そしてギリシア人たちがそこに倫理を見いだしていたようなユートピア的社会性(3)」に言及している。序文はこのユートピア的社会性を、デカルトが『第一哲学についての省察』の第三省察で語っている無限の観念に近づけている。すなわち「直観の明証のなかに宿るかわりに、哲学者に目眩を与えていた観念。真理に則して思考していたよりも多く――あるいはより良い仕方で――思考するような思考。また、自らが思考する〈無限〉に対して、敬意とともに応答していた思考(4)」である。

このように、この序文は哲学的伝統における一つの支点を喚起している。この本の後続する部分で哲学的伝統はしばしば批判されているが、この伝統にとっては、神、「困難な聖性」、〈筆記＝聖典〉といった語を哲学の語彙のなかに再導入することは、おそらく驚きの種を与えたことだろう。

『全体性と無限』によって行われた西洋の哲学的伝統の根底的な問い直しが行き着くのは、結局のところ、自らを哲学に見せかけた一つの神学にほかならないと言うべきだろうか。諸一神教におけるように、啓示や啓示に基づいた知に準拠するような神に関する言説、信仰についての決定や告白を要求し、神の「本質」や行為に関する「知」、神、人間、世界のあいだの関係の意味と目的に関する「知」を含意するような言説が問題となっているのではないという意味では、答えは否である。しかし『全体性と無限』の言説が、ユダヤ教的伝統とりわけ預言者的伝統の諸概念を継承して、それらを現象学的分析の描写のうちに導入し、そうすることで哲学的言説を攪乱し、苛立たせ、それを中断させるという意味では、哲学というこの本の地位は、神学に変わることはないとはいえ、不安定なものとなる。反対に、まさにこのことによって、『全体性と無限』が開いた言説、特に第二の序文の言説はより一層、哲学的言説、もっと正確に言えば存在論的言説に新しい方向づけを与えることを目指している。新しい方向づけを与える、もしくは、この言説は存在論的言説をより古い使命へと呼び戻そうとしている。すなわちこの言説を、存在了解に対する応答責任の先行性と優位へと、および、他なる人間の他者性によって、そしてこの他者性が私を見つめ、私に意味する――他者のための存在ということを、「文脈なき」意味性によって――という事実によって表現される超越へと呼び戻そうとしているのである(5)。哲学の知解可能性はそこで相当な変化を被る。「道徳は哲学の一分枝ではなく、第一哲学である」(TI, 340／四四九)。もはや哲学のもっとも重要な課題は、理性の自己自身に対する透明性や、知の総合に到達することではないし、真理の認識、あるいは動詞としての存在の意義の探求ではない。哲–学＝愛–知（philo-sophie）において問題となるのは、もはや単に知を愛することではなく、なによりもまず、「愛の知ないし愛としての知」(6)を探求することになるだろう。この考えのうちには、単なる言葉遊び以上のもの――単なる言葉遊びよりも真剣なもの――がある。しかし、いまはこのことをこれ以上説明するときではない。

しかしながら、もしかするといましがた述べたことが、のちに書かれたこの序文がテクストを――序文はこのテクストに注釈を加え、このテクストへの新しい接近手段を開こうとしているのだが――乗り越えているその方向についての考えをすでに与えたのではないかと願っている。つまりこの序文は、主題と、この本に含まれる挑戦とを、より簡潔かつ強力な仕方で要約しているのである。この序文は、第一の序文および本文それ自体よりも直接的な仕方で、哲学的伝統におけるさまざまな支点をこの本のために見つけている——冒頭の一節からすでに、フッサール、ハイデガー、ブーバー、マルセル、ローゼンツヴァイク、ベルクソンが言及されている。同時に著者は、『全体性と無限』の探求のみならず、「『全体性と無限』において開かれた言説」あるいはこの言説を性格づける「一般的精神」を参照することによって、彼の本の主題を彼自身の思想の歴史のなかに位置づけている。他方で第二の序文は、より顕著な仕方で、反転図形（*Kippfigur*）のように現象学的描写を預言的言説に反転させることによって、哲学的伝統の言説をはみ出す。このことは、神について語る特殊な形式を含意している。

4　私の唯一性と倫理的言語

たしかに、一九六一年の序文とまったく同様、一九八七年の序文は、この本で進められる探求に関して「現象学の精神」を要請してはいる。しかしながら、同時にこの序文はより明示的な仕方で、現象学的方法が倫理的言説および「神の」言説へと移行するようないくつかの点を指示している。一九八七年の序文でレヴィナスが述べているように、彼の第二の主著『存在の彼方へ』は、「存在の存在への努力を問いに付す分析が、なんらかの心理学の経験論に基づいていると見なされてしまうのを避けるために『全体性と無限』がたえず訴えていたような存在論的言語を——より正確に言えば形相的言語を——すでに避けている」(7)。『存在の彼方へ』が形相的言語を避けようと努める際の手法を検討することは、別の講演の題材となるかもしれない(8)。しかし一九八七年の序文と、さきほど引用した裸性と人間の顔のうちなる神の発話についての一節だけでも、それについての基本的な考えを与えてくれるだろう。この言説を特徴づけるのは、まず第一に、論理的—

統辞論的構造化を極度に制限する傾向であり、定動詞を避けて、時間的・人称的・叙法的特定を縮減させるような語り方によって定動詞を置き換える傾向である。次に気づくのは、描写がたえず「物語的《ナラティヴ》視野」の変化——このような変化は一般的な哲学の言説ではあまり馴染みのないことだ——に訴えているということである。すなわち、三人称の中性的視野から、一人称の主観的ないし個人的視野への変化であり、このことは命題的一貫性を中断したり開いたりする効果をもつ。

一人称で語ることは、それ自体としては反復不可能な言表する行為そのものへの参照、語る者の唯一性への参照、そして、ある他者ないし話を聴く数人の人間に彼が語っているというその状況の唯一性への参照を、言表の内容に付け加える。『全体性と無限』によって開かれ、のちのテクストにおいて強化された言説において、一人称の人称代名詞に訴えることは次のことを示しているように思われる。すなわち、この本における主体に関する考察は、主観性の普遍的モデルを目指しているのではなく、個人的な態度決定を是が非でも必要とする独創性ないし唯一性——自己負担によってでしか語ったり応答したりできないような状況——を喚起しているということである。いずれにしても問題なのは私の唯一性であって、この唯一性はまさに、ほかの誰もそうではないような仕方で、私が応答責任へと定められているという絶対的で無条件的な様態に存している。私の唯一性は、この状況（他者への応答責任の義務という状況）においては私は誰かに代わってもらうことができないということに由来しており、これは私が自分自身の死を誰かに代わってもらうことができないのとまったく同様である。いましがた引用した第二の序文の表現を用いるなら、私に呼びかける「命令的であると同時に無防備でもあるような奇妙な権威」、「人間の顔のうちなる神の発話および言葉」はこのことに存している。

しかるに、言説およびエクリチュールによる主題化は、私の唯一性を端的な唯一性そのものへと変容し、変質させずにはおれない。これはつまり私の唯一性を一般化に任せることである。しばしば一人称の主観的視野へと向かうレヴィナスのエクリチュールは、主題化のうちに書き込まれた一般的なものへのこの傾動を転覆させようとし、主題化が主観性、唯一性として説明するものの前‐主題的な「構成」を呼び起こそうと努めるのである。「物語的《ナラティヴ》」視野のさまざまな外観は、現象学的描写から「倫理的言語」への移行、もしくは、私がさきほど現象学的描写と預言者的言説のあいだの「反転図形」と名づけたものを実現するためにレヴィナスの言説が用いる、多様な手法の道具立てに属している。この移行ははじめから、哲学的言説をなんらかの倫理‐宗教的語彙によって支えることに存するわけではない。『全体性と無限』の最初の序文でレヴィナスは、彼の本が、「具体的なものの探求」（TI, 14／二五）として特徴づけられる現象学的方法にすべてを負っていると強調している。この探求は、思考されたものからそれが思考された具体的な諸状況への回帰、気づくことのないままそれが置かれている諸地平、それに意味を与える諸地平への回帰から始まる。のちのテクストでレヴィナスが「倫理的言語」と形容しているものは、この方法の継続と誇張のうちに位置づけられる。

別の言い方をすればこうである。現象学的な観点からすれば逆説的であり続けるものを、私が身を置く常軌を逸した状況（とはいえ日常的な状況）と関係づけることで――すなわち、私が私自身を意識化するよりもまえに、他者と他者たちへの負いを抱え、他者の懇請や要求にさらされているという状況と関係づけることで――レヴィナスは、論理的には逆説的であり続けるものが倫理的な視野において意味を獲得し、意味を与えるということを理解させるに至っているのである。レヴィナスのテクストで用いられている「倫理的言語」の特別な寄与は、理論的観点からも方法的観点からもこのことのうちにある。倫理的言語は、それが乗り越える存在論的言語に結びつけられたままである。倫理的言語が事を進めるのは、新しい用語の発明によってというよりはむしろ、既知の用語の新しい読解によってである。つまり、用語を通常とは異なる仕方でたがいに参照させたり――他者のための一者、没利害〔＝内存在性からの超脱〕、あらゆる受動性よりも受動的な受動性――とりわけそれらを、語ることとおよび書くことの可能性がそこから自らの起源を引き出してくるような原初的状況へと参照させることによってである。倫理的言語は、はじめから特殊な語彙によって表現されるわけではない。問題なのは言語の発生の諸条件であり、非対称的な相互主観的関係からの言語の誕生の諸条件であり、この非対称性の結果として生じる諸帰結なのだ。

とはいえ、こう述べると次のような問いが立てられる。こうした仕方で言語を考え、「比喩的な」意味に見えるものを言語のために探してやるとき、そこで得られるものはなんなのか、そしてどの程度の進歩がなされたのだろうか。この問いは立て方がまずいかもしれない。問題なのは比喩的な意味を探すことではなく、意味そのものの意味性を探すことだからである。しかしながら、言語の倫理的起源という大胆な仮説――これはフランツ・ローゼンツヴァイクの『救済の星』においてとまったく同様、新しい思考法（「新しい思考」（*neues Denken*））の一部をなし、それゆえ間違いなく一つの仮説以上のものたらんとする仮説なのだが――は、経験的な様式においては証明することも実証することもできない。反対に、この仮説は少なくとも、レヴィナスの考察に身を投じるための努力を少しも惜しまない読者には自明である。そこから引き出すことのできる利点は、コミュニケーションのプロセスについての深い理解や、コミュニケーションの「美しい危険」、原初的な不等性、コミュニケーションの結びつきのただなかでの分離といったものへの――そしてそこから生じる倫理的要請への――強められた感受性のうちに宿っている。そしてまた、そこから引き出すべき利点は、単に理論的であったり大学的であったりするわけではないこの視野がもつ社会的かつ政治的な含意への、より覚醒した意識のうちにも宿っている。

5　赦しと言語

締めくくるにあたって、赦し（*pardon*）の現象についての若干の指摘を付け加えることで、このことを説明したいと思う。この点について私は、ヘーゲル、キルケゴール、そしてレヴィナスの注意深い読者であるドイツの哲学者クラウス＝ミヒャエル・コダーレが行った考察を取り上げる(9)。

赦しの概念と意義についての研究は、こんにち、哲学では大きな流行となっていないように思われる。赦しの問題を扱った哲学者――とりわけユダヤ系の哲学者だが――はたしかに何人かおり、たとえばハンナ・アレント、ウラジミール・ジャンケレヴィッチ、ジャック・デリダがそうである。しかし現代の哲学では、多かれ少なかれこの領野を神学に任せる傾向があるように思われる。その理由はおそらく、この用語の使用と参照のなかには宗教的経験がこだましているのではないかと思われているからであり、神に対する人間の関係の領域に属するとみなされる現象について意見を述べる能力が哲学にあるのかと疑われているからである。

しかし赦しは、神に対する人間の関係以外にも、日常生活の経験において重要な役割を果たし続けている。罪や過失によって混乱を被った個人間の私的関係においてであれ、法的・政治諸制度とその手続き――特赦や恩赦請願を考えればよい――においてであれそうである。力への意志、なんとかして日向ぼっこする場所を得ようとする傾向、暴力への性向、敬意の欠如、無関心――こういったものに支配された人間、まったき不十分さのうちにある人間は、つねに、赦しを必要とするような状況に置かれている。このことは社会的・政治的生活への参加についても同様に当てはまる。人間はそこで、何人かのひとたち、もしくはもっと多くの他のひとたちに対する不正や不利益を生じさせるさまざまな構造や決定に巻き込まれているからである。そしてまた私は、存在するという事実そのものによって——そして単に、はじめから、意志的な行動や怠慢によってではなく——つねに誰かの背のうえにいる〔誰かを監視している〕のであり、このひとの自由と充足を侵害し、ある程度はこのひとの犠牲のうえに生きているのであって、その意味で私は寛容と、そしてまた赦しとを必要としている。このことは各人の人生の最初と最後においては一目瞭然だが、そのあいだの段階についても同様であるし、地球規模での共存についてもまさにそうである。

こうした赦しの必要性という観念のさまざまな痕跡は、いくつかの言い回しや敬語表現のうちに見出される。地下鉄ですし詰めになり、誰かに足を踏まれたとき、運がよければ「ごめんなさい！（Pardon, s'il vous plaît !）」という声が聞こえるだろうし、あるいは、聞きたいことがあるひとが通行人に「すみません、お願いしてもよろしいでしょうか（Excusez-moi, puis-je vous demaner une faveur ?）」と話しかける声が聞こえることがある。赦しないし詫び（excuse）の願いは、決まり文句ないし美辞麗句として固定されたこのような形態においてさえ、つねになんらかの罪やそれに先立つ犯罪行為を前提としているわけではない。それは、日々の振る舞いにおいて、しばしば私が、他者たちになにかをお願いしなければならないような状況や、私のものではなく私にはその権利がないなにかを用いたりするような状況——どんなかたちであれ、時間や、注意や、忍耐や、気前良さや、諦めといったもの——に陥っているという事実に対応している。しかし、赦すとはつまるところなにを意味しているのか。誰かが誰かを赦すとき、なにが起こっているのか。いかなる意味でこのことは言語に関わるのか。

この講演の枠内では詳細に展開することはできないが、これはいくつかの原初的な区別と概念的な明確化を行う良い機会かもしれない。子どもと両親の関係における赦しの経験は、大人どうしの関係においてとは別のことを意味する。かつては敵対していた社会集団ないし政治集団のあいだの和解を語る政治的言説において、赦すことは、犯罪者と被害者のあいだの個人的関係におけるのとは別のものを含意するし、同じ意味をもつことはない。親しいひとたちの関係においてはまたさらに異なる。したがって、赦しと和解とを区別し、赦しを断罪や、処罰や、特赦や、憐憫と関係づけることが必要だろうし、さらには正義や、自由や、あるいは人間の尊厳と関係づけることが必要だろう。

赦しを口にする者は、教化的な言説ないし隠れた神学的な言説を発しているのではないかという嫌疑、そして、社会的生活の現実主義的な考えのかわりに、空想じみた思考を置いているのではないかという嫌疑を受ける危険を冒している。赦しを口にする者は、幾人かの寛容と赦しの精神を利用する者たち、そして、利己主義的な目的のためにそれらを搾取しているかもしれない者たちの利益に奉仕しているのではないか――それを望んでいない場合であれ――と疑われる危険を冒している。物理的な意味であれ経済的な意味であれ、強者の法に支配された世界では、赦すことは弱さもしくは愚かさの証拠とみなされる。

反対に、強者の法よりも多くの事柄に関心が向かう世界では、赦しの道徳的・政治的力を――そしてまたその危険と問題とを――より詳細に分析する理由があるだろう。これらすべてはやはり、この講演ではほぼ不可能である。このことを述べたうえで、赦しというこの驚くべき活動がもついくつかの特殊性をそれでも強調しておきたい。

現象学的視野において、赦すという行為は時間的な意義を含意しており、この行為は言わば「時間の可逆性」を現実化する。赦すという行為は過ぎ去った出来事に働きかけるからである。それは、この出来事は起こらなかったのだという意味においてではなく、この出来事の有効性を根本的に変容することによってである。赦すことは、異なった現在および未来の可能性を開く。まさにこの意味で――時間測定的な意味においてではなく、人間的な意味において――赦すという行為は時間を作り出し、あるいは時間を授けるのである。赦しはまさにこの点で忘却から区別される。罪は、忘れられても残り続ける。それはいつか記憶に戻ってくることがありうるのである。反対に、赦すことは罪を変換する（*convertit*）。単に罪を抹消したり取り消したりするのではなく、赦す者と赦される者との新たな関係の可能性へと――そして、この関係にかかわるすべてのひととの新たな関係の可能性へと――罪を変換するのである。

この新たな関係は不安定で不確かなままである。赦しの成功を保証するものはなにもないし、赦しが受け入れられたことや、それが赦された者を改心させるに至るのかどうかを――変容した関係をより良くするに至るのかどうかさえ――保証するものはなにもないのだ。赦すことは言わば善悪の彼岸にある。それは赦すことがまさに、善と悪、正しいものと誤ったもの、そしてそれらから生じるさまざまな要請のバランスシートを作ることを放棄するからである。過去のある事件について、有罪者の処罰もしくは彼の罪の抹消を放棄することによって、赦しはまさにこの点で、法と正義による決着を宙吊りにする。それによって赦しは、この決着がもつ暫定的な地位や、正しいものと誤ったものに関する知識の暫定的な地位や、この知識に基づいた判決や決定の暫定的な地位に立ち返らせる。赦すことは、正しいものと誤ったものの区別を混乱させるわけではないが、この区別の適用の限界と、この区別を個々に割り振ることの暫定的で不確実な性格を思い起こさせるのである。

しかしながら、赦しがもつ生産的で変化をもたらす力は、別のことに由来している。この力は、過去のある瞬間が、想起におけるように保存されるかわりに、更新されること、あるいはレヴィナスの表現によれば「純化される」ことに由来する。(10) つまり過去の瞬間は、保存されると同時に変容させられるのであり、変容させられるのはそれが、犯された罪から出発して、「和解をもたらされた」現在と未来とを生み出す理由へと変わるからである。有罪者の罪が、彼自身と「被害者」のあいだに引き起こした断絶はそこに含まれ、まさに忘却されてはいないのだが、それはより高い水準へと高められる。すなわちこの断絶は生産的なものとなり、開かれた未来を可能にするものとなるのである――可能な和解という視野において。

この可能性は、一体性を生み出したり、それを回復したりすることを目指してはいない。赦すことが結合や新たな愛着へと導くこともありうるが、結果として、結びつけられたひとたちは同時に分離されたままであり続ける。赦しは一種の平和（*paix*）に到達しうるが、平和は、そこで結びつけられているひとたちの多様性を尊重することを前提としている。赦しという出来事は、非対称的関係を含意し、そうした関係を打ち立てる。赦すことができるのは不正に苦しんだ者だけであり、不正を犯した者ではない。この二人は同一の次元に位置してはいない。赦しのあとに接近が続くことがあるとしても、また、赦す者が、あるとき今度は赦しを必要とする者になることがあるとしてもそうなのだ。赦すという行為は相互性を当てにしてはいない。赦すという行為は不等性を前提とし、それを表明する。たとえ赦し《パルドン》がもつ贈与《ドン》が実際には「純粋な」形態では存在しないということを認めなければならないとしても、この贈与はつねにお返しに戻ってくる保障や承認の要素が伴ってはいる。しかし、赦すという行為がそれでも当事者たちのあいだの不等性を証立てることには変わりはない。そして赦すという行為は同時にこの不等性を変容しもする――そこから新しいなにかを生み出すことによってである。この点で、赦すという行為は言語に似ている。このことによって、赦すという行為は言わば言語に先立つものを表しているのだ。

いかなる意味でそうなのか。赦すことは、語の言語学的な意味では発話（*parole*）ではない。ある罪を赦すことは、「私は君を赦す」といった類の命題のなかで一般的な仕方で生じるわけではない。たしかに、赦すことに色々な発話が伴うことはありうるが、その場合にも発話は決定的な点に触れているわけではない。赦しにおける本質的部分は、発話の外部で、「内部」において生じる。それは口に出された発話よりもむしろ、所作や、身振りにおいて、そして抱擁や、差し出された手や、「ものを言う」眼差しによって表現される。赦すことは、十分に内密で不安定なやり取りを構成するのであり、このやり取りは保護を必要とし、また発話に固定されることを逃れる傾向があるように思われる。有罪者の元々の状態を復元することは、見物人や聴衆を受け入れることができないように見える。それは公然化から、そして発話にすることから逃れる。

しかしながら、赦すことは単に、そしてそもそものはじめから、コミュニケーションの行為であるわけではない――コミュニケーションを非常に広い意味で理解するのなら別だが。赦すことはむしろ――私はこのことを理解していただくよう努めてきたのだが――能動性と受動性の中庸に立つ、もしくはこの両者を凌駕するような時間的かつ倫理的な出来事として生起する。これは自由と至高性〔主権〕による至上の行為であり、語の誇張的な意味での与えること（donner）であり、また同時に委ねることであり諦めることである――他なる人間を理解できないときであっても、そして彼がさまざまな罪にまみれているときであっても、彼の尊厳と堅牢な魂を尊重しながらなされる、そうした行為なのだ。誇張的な意味での与えること《ドネ》。赦しを与える《パルドネ》とき、赦しを与える者は、彼が与えることのできるよりも多くのもの、彼が所有するよりも多くのものを与える――この贈与《ドン》によって、予見できないほど新しいなにかが誕生する幸運に恵まれることを願いつつ。赦し《パルドン》という比類なき贈与は、罪と、分離と、死の断絶と中断を通じて、そして他者性との隔たりを通じて更新される時間の贈与である。

この視角において、赦しは、一切の社会的秩序よりも古く直接的な、他者への深遠な関係を表している。これは、与えることと委ねることを同時に含む極限的な諸形態を含意し、それによってコミュニケーションを可能にするような、応答と応答責任の関係である。『全体性と無限』で開かれた言説では、レヴィナスはこの関係を、一切の語られたことに先立つ語ること（*dire avant tout dit*）として描写した。赦すことは、こうした言語の根源的ないし前-根源的な意味性に参与し、自分なりの仕方でこの意味性を実現する。

このような読解には、一方で、レヴィナスにしたがえば〈他人〉への私の肉的な暴露を描いている語ること（le *Dire*）――「一切の受動性よりも受動的な受動性」――と、他方で、赦すことないし赦さないことに関する自由および独立的で主権的な決定とのあいだに存在する決定的な相違を大げさなものとみなし、それを過小評価してしまうおそれがある。私は逆に、赦すというこの自由な行為と、われわれの人間的条件の実存論的要素としての赦される欲求との「錯綜」に注意を惹きつけたかったのである。加えて、赦すという行為そのものにも委ねることや放棄という側面がある。この側面は決定的に重要であり、それがなにか新しいものが生まれることを可能にするのである。

明らかにこの側面は、赦しを、レヴィナスが『全体性と無限』の第四部で描いた繁殖性や時間の時間化の現象に結びつけている。ところで私の考えでは繁殖性の可能性は、のちに『全体性と無限』のあとに続く諸著作のなかで、人質の条件として、そして一切の語られたことに先立つ語ることとして分析された主体性の条件ないし無条件のうちに書き込まれ続けている。たとえこうしたのちのテクストがこの側面をもはや明確に述べてはいないとしてもそうなのだ。いずれにしても、赦すことが言語の根源的ないし前-根源的な意味性に参与していること、そして各人の生活様式のために、そして社会的・政治的共存のためにそこから引き出すべき帰結は、考察を続けていくに値するものだろう。

（藤岡　俊博　訳）

注

（1）「〈他人〉の顔は、それが私に委ねる造形的な像をあらゆる瞬間に破壊し、氾濫する［…］。顔はそれがもつ諸性質によってではなく、それ自体《カタウト》として現出する。顔は自らを表出する」（TI, 43／五九、強調はレヴィナス）。

（2）レヴィナスの手稿の写しから引用。ドイツ語テクストに関しては次を参照。Emmanuel Levinas, *Totalität und Unendlichkeit. Versuch über die Exteriorität*, Freiburg/München 1987, p. 9 s.（TI, ii／『われわれのあいだで』合田正人・谷口博史訳、法政大学出版局、一九九三年、三一四―一五頁）

（3）*Ibid.*, p. 10.（TI, iii／『われわれのあいだで』前掲、三一六頁）

（4）*Ibid.*, p. 11.（TI, iv／『われわれのあいだで』前掲、三一六―一七頁、強調はレヴィナス）

（5）意味する語として神という語を理解する可能性、そして、この意味で理解された神に関する言説と哲学との関係をめぐる探求を、レヴィナスがより進んだ仕方で、またより明確な仕方で展開したのは「神と哲学」という試論においてである。これは一九七五年の初版であり、論集『観念に到来する神について』（一九八二年）のなかにその中心的部分として採録された。

（6）E. Levinas, *Totalität und Unendlichkeit, op. cit.*, p. 12（TI, iv／『われわれのあいだで』前掲、三一七頁）

（7）*Ibid.*, p. 8（TI, i-ii／『われわれのあいだで』前掲、三一三頁）

（8）いくつかのより詳しい素描は Thomas Wiemer, *Die Passion des Sagens*, Freiburg/München, 1987 にある。以下の節で提示される考察は同書を典拠としている（cf. *ibid.*, pp. 154-227）。

（9）コダーレは、哲学的倫理における決定的な概念としての赦しの主題について何本もの論文を出版しており、そのなかにはこの主題へのレヴィナスの貢献を扱った試論も含まれる。赦しの主題についての彼の考察のもっとも進んだ段階は Klaus-Michael Kodalle, *Annäherungen au eine Theorie des Verzeihens*, Mainz/Stuttgart 2006 のうちに見出される。

（10）「忘却は忘却された出来事の現実には関わらないが、こうした忘却よりも強い意味での能動的な赦しは、過去に働きかけ、出来事を純化しながら言わばそれを反復する。しかし他方で、忘却が過去との関係を取り消すのに対して、赦しは、赦された過去を純化された現在のうちに保存する」(TI, 315-316/四一九)。レヴィナスが「時間の業そのもの」(*ibid.*)である赦しを説明しているのは、繁殖性と父性の分析の文脈においてであり、それは時間を、過ぎ去ることと更新することとの非連続的な継起として理解させてくれるような形象としてである。

「汝像を作るなかれ」
——見えないものを聞くレヴィナス——

シルヴィ・クルティーヌ＝ドゥナミ

エマニュエル・レヴィナスは、美学に関する数少ない論稿の一つ「現実とその影」（一九四八年）(1)において、絵画表象の地位に対する非難を行なっている。レヴィナスがこの論文で美学批判を展開していた一九四八年という日付は、論考『時間と他者』（一九四六—一九四七年）および、「世界なき実存」という章で芸術を論じていた『実存から実存者へ』（一九四七年）とほぼ同時代のものである。すなわち、レヴィナスの仕事のなかでは、〈解放〉から一九六一年の『全体性と無限』の公刊までの第二期にあたる。ちなみに、自らの哲学的立場をはじめて確立することになるこの著作においては（TI, 244／三二五）、『存在するとは別の仕方で　あるいは存在の彼方へ』におけるのと同様、(2)上記の論文が引用されている。

自らの存在への固執（コナトゥス）にもっぱら配慮する孤立した自我のエゴイズムを問いに付すことで、この哲学者は、〈他人〉の顕現する場としての〈顔〉を鍵語とする倫理学を練り上げている。〈顔〉と〈他人〉はレヴィナスの著作ではほとんど同義語となるほどである。同時に、レヴィナスの歩みは、全体にわたり、一つの批判として、すなわち西洋の存在論の批判として捉えられる。実際、レヴィナスは、一九五一年の論文「存在論は根源的か」(3)以降、これまで多くの哲学者が、存在者についてよりも存在についての考察に、そして倫理よりも存在論に特権を与えてきたことを問いただし、この特権を、〈他〉を〈同〉へと還元し、多様なものを〈一〉へと還元する存在論的帝国主義と特徴づけたのであった。〈自我〉から出発して〈他者〉を考えようとする「西洋哲学」の試みはすべて、レヴィナスにとっては、「乗り越えがたいアレルギー」、「〈他なるもの〉にとどまる」〈他者〉によって引き起こされる恐怖を語るものとなろう。[4] こうした哲学は、〈異邦人〉を一つの主題ないし対象へと還元し、その特殊性においてあらしめることができなくなっており、〈存在〉の哲学、内在、「ナルシシズム」、「自我論」の哲学へといたらざるをえなくなる。[5] それは、レヴィナスによれば、ハイデガーの哲学において絶頂を迎える哲学である。こうした哲学的伝統に対して――彼の告発から逃れられるのは、〈存在〉の彼方に〈善〉を据えたプラトンと、思考に汲みつくされることのないような〈無限〉との関係を保つデカルトの思考する自我くらいである――、レヴィナスは別の仕方で思考しようとし、もはや〈存在〉にではなく、〈他なるもの〉としての〈他者〉に向かう哲学を練り上げようとするのである。

　レヴィナスが像（image）に対して行なう告発の要点は、「現実とその影」で表明されているものとしては、次の六つである。すなわち、像とは現実の裏地であるということ、像はわれわれをとりこにすること、画家は無知であること、像は無責任であること、画家は新たな神という役割を不当に手に入れること、そして像とは偶像（idole）であるということである。本稿は、もっぱら最後の点、すなわち偶像崇拝に対する告発をめぐるものである。

1　芸術に内在した偶像崇拝

西洋哲学の伝統に固有の、見ることないし視覚の優位――これは、レヴィナスによれば、「〈同〉の優位ないしナルシシズム」(6)のために、超越的なものがほとんどおしなべて排除されることをその特徴とする――、これに異議をとなえながらレヴィナスが行なう芸術批判の一つは、「見ることや知ることの根底にある無神論、あるいは偶像崇拝の誘惑」と呼ばれるものに向けられている。(7)レヴィナスは、その思想においてユダヤ教がしかるべき地位を占めている哲学者であるだけに、聖書においてしばしば定式化されている表象の禁止を自分自身も取り上げなおしているのかもしれない。聖書の議論をいくつか思い起こしておこう。

あなたは、上は天にあり、下は地にあり、また地の下の水の中にある、いかなるものの像も彫ってはならない。あなたはそれらの像に向かってひれ伏したり、それらに仕えたりしてはならない。わたしは主《ヤハウェ》、あなたの神。わたしは妬む神である。(「出エジプト記」二〇章三―六節、強調は引用者)

「申命記」(四章一五―一七節)では、モーセのことばとして、もう一度次のようにはっきり述べられている(強調は引用者)。

あなたたちは自らよく注意しなさい。主《ヤハウェ》がホレブで火のなかから語られた日、あなたたちは何の形も見なかった。不正を働き、自分のためにいかなる彫られた像も造ってはならない。男や女の形も、地上のいかなる獣の形も、空を飛ぶ翼のあるいかなる鳥の形も、地上を這ういかなる動物の形も、地下の海に住むいかなる魚の形も。

偶像崇拝に対する警戒がもっとも小さな生き物の像にまで及ぶこうした戒律が旧約聖書のなかで何度も繰り返されるのは、一つには、とかく像やイコンを崇拝してしまうユダヤの民を、エイドラ、すなわち偽の神の像、彫像ないし象徴から保護するためである。こうして表象の禁止は、明白に「あなたには、わたしをおいてほかに神があってはならない」（「出エジプト記」二〇章三節）という一神教の一つの帰結となる。だが、他方において、この禁止はヘブル人たちの信仰を試練にかけるためのものでもある。モーセは、いかなる像もなく自らに現れた神に信を置いた。まさにここにその選びがあるというのである。

たとえ、「出エジプト記」三三章一一節によれば、「主は人と人とが語るように、顔と顔を合わせて（face à face）モーセに語られた」のだとしても、モーセが「どうか、あなたの栄光をお示しください」と求めたことに対しては、神は次のように答えたのだった。

あなたはわたしの顔（*ma face*）を見ることはできない。人はわたしを見て、なお生きていることはできないからである。[…]見よ、一つの場所がわたしの傍らにある。あなたはその岩のそばに立ちなさい。わが栄光が通り過ぎるとき、わたしはあなたをその岩の裂け目に入れ、わたしが通り過ぎるまで、わたしの手であなたを覆う。わたしが手を離すとき、あなたはわたしの後ろを見るが、わたしの顔は見えない。（「出エジ

プト記」三三章一八、二〇―二三節、強調は引用者）

禁止は神を見たいという人間の欲望をかきたてるばかりであるため、神的存在は公現、現出ないし顕現を通じて自らの姿を現すことを承諾する。その証が、ノアの契約の際の虹であり、燃える柴であり、シナイ山の稲妻や雷雨であり、砂漠で民を導く雲の柱や日の柱である。これらはたとえ数が少ないにせよ、いずれも神の臨在のしるしとされる。ただし、神との近しさとは視覚ではなく聴覚を介するものであってみれば、これらのしるしはとりわけことばを告げるものである。モーセはユダヤの民にこう語っている。

主《ヤハウェ》は火のなかからあなたたちに語りかけられた。あなたたちは語りかけられる声を聞いたが、声のほかには何の形も見なかった。（「申命記」四章一二節、強調は引用者）

こうして、表象の禁止が、究極の意味でのイスラエルの民の選びと同義語であるということがはっきりしてくる。すなわち、多神教、偶像に仕える諸民族と、一神教に身を捧げた民族の分離としての選びである。

また目を上げて天を仰ぎ、太陽、月、星といった天の万象を見て、これらに惑わされ、ひれ伏し仕えてはならない。それらは、あなたの神、主《ヤハウェ》が天の下にいるすべての民に分け与えられたものである。しかし主《ヤハウェ》はあなたたちを選び出し、鉄の炉であるエジプトから導き出し、今日のように御自分の嗣業の民とされた。（「申命記」四章一九―二〇節）

しかしながら、レヴィナスは、自分は「博物館には、描くべきではなかった、とりわけ彫るべきではなかった多くの肖像が満ちあふれていると考える敏感で敬虔な一神教者」の一員ではないと述べている。[8] さらには、タルムードが「あらゆる顔は許される。ただし、人間の顔を除いては」(「ロシュ・ハシャナ篇」二四b)と認めているのは、――智天使《ケルビム》、砂漠の蛇、ソロモンの神殿の装飾、あるいは聖書の場面や登場人物が祈りの部屋の壁画として描かれているメソポタミアのドゥラ・エウロポスのシナゴーグが示すように――像や彫像がそれ自体として非難すべきものだからではない。そうではなく、ここでもまた偶像崇拝の危険を防ぐことが問題なのである。[9]

像《イマージュ》に関する偶像崇拝の告発の理由は、したがって、宗教とは別のところに探らなければならない。すなわち、よりはっきりと言うならば、運命(*destin*)という観念のうちに、つまりレヴィナスが宿命(*fatum*)という語でもって描くものの暗がりのうちに探らなければならない。実際レヴィナスが言うには、どのような芸術作品も、瞬間を一つの運命において凝固させ、もはやいかなる生の跳躍によっても活性化されないものとなる。像の偶像的「愚かさ」は、それが自分自身へと再び閉ざされる点、自らを誰にも差し向けず、この現在という瞬間からあらゆる生成を奪う点にある。この、もはや未来に向かわなくなったがゆえに現在とは言えなくなった現在のことを名指すために、レヴィナスは「合間」(entre-temps)という語を選んでいる。この「合間」は、何も到来することがない彫像や、どんな言葉も発せられることのない口の特徴でもあるが、死ぬことの指標でもある。すなわち、新たなことはもはや何も起こらず、あらゆる新たな現在を欠いた存在の指標でもあるということである。[10]「像(image)を偶像(idole)と呼ぶことは、あらゆる像は結局のところ造形的であり、あらゆる芸術作品は彫像(statue)であり、時間の停止なのだと認めることである」[11]。すなわち、時間の持続の永続性のほかいかなる未来ももたずに持続する時間なのだと認めることなのである。「永遠にラオコーンは蛇に締め付けられているだろうし、永遠にモナリザは微笑んでいるだろう。ラオコーンの張った筋肉によって告げられている未来は、永遠に現在になることはないだろう。満面に広がるはずのモナリザの微笑は、永遠に広がることはないだろう。永遠に宙吊りにされた未来が、つねに未来にとどまる未来として、彫像の凝固した位置のまわりを漂うのである(12)。芸術家が彫像に与える生とは、すなわち、「詩篇」一一五篇〔四–八節〕がすでに次のように嘲弄していたような、ばかげた模造品にすぎないのである。

国々の偶像は金銀にすぎず、人間の手が造ったもの。口があっても話せず、目があっても見えない。耳があっても聞こえず、鼻があってもかぐことができない。手があってもつかめず、足があっても歩けず、喉があっても声を出せない。偶像を造り、それに依り頼む者は、皆、偶像と同じようになる。

彫像が動かぬものとなるこのインターヴァルの永遠の持続、存在を運命の暗がりへと従属させる「合間」において瞬間がこうして石化すること、レヴィナスはそこに「何か非人間的で恐るべきこと」があると言っている(13)。

2　見えるものから見えないものへ

ところで、絵画と顔とは部分的に関連するところがある。ジャン＝クリストフ・バイイの優れた著作の表題を用いるとすれば、肖像画の黙した呼びかけとは(14)、まさに「顔の名」のことなのだが、しかし、これがレヴィナスの気に入らないのは、彼が顔の伝統的な定義に対して告発を行なっているためである。これまでの定義が視覚の優位を中心に据えてきたのに対し、レヴィナスは、「唯一他人との出会いこそが〈顔〉という名を有する」と主張することによって新たな定義を対置する。この特異な定義には驚くべきものがある。というのも、語源的には、顔（visage）とは——ラテン語の *vis*、*visus*、イタリア語の *viso*、ドイツ語の「見る（*sehen*）」から派生した *Gesicht*、ギリシア語の *pros*（前に）と *ops*（見る）を組み合わせた πρόσωπον と同様に——、他人に見えるように呈示されるもの、見られるもの、一言でいえば可視的なものだからである。語根にパナー（〜に向き返ること）を有するヘブライ語のパニム——エロヒムとまったく同様に複数形の名詞である——は、例外のように思われる。「顔と顔を合わせて」を意味するパニム・エル・パニムや、他者の歓迎、迎接を意味するカバラット・パニムといった表現は、自己から他者へと向かう運動に関わっており、レヴィナスにおける社会性の主たる構造を描くことにもなるものである。

こうして、レヴィナスは、「唯一他人との出会いこそが〈顔〉という名を有する」と主張するときに、顔は可視的なものに関わるという伝統的な意味を問いに付しているのである。レヴィナスの考えでは、諸々の事物は、私の知覚を呼び起こし、外的形態のもとに隠されていても概念化や主題化といった手段を通じて接近されたり吸収されたりするが、これとは逆に、顔とは根本的な他性、同じ類や「全体性」の一介の標本であるにはとどまらないような他性の経験である。もちろん、顔の別名である〈他人〉もまた、諸々の特徴をまとい、形態をとって現れることがあるが、それでもやはり、そこに還元されたり含みこまれたり捕われたりすることはない。レヴィナスは、顔の美しさについてはごくまれにしか語らず、むしろその「裸性」を語るのだ。「顔とは、ある存在がその特性によって自らを示すのではない、卓越した意味での現実である」。他人は、その顔の匿名性のなかで私に現れるが、これは、それとの出会いが織りなす謎（*énigme*）と矛盾するものではない。レヴィナスは実際次のように書いている。「一人の人間と出会うこと、それは謎によって覚醒状態に置かれることである」[15]。この謎とは、まさに、他人がどのような把捉にも還元されないという点、すなわち私がそれを主題化したり、認識したりしようとする意志には還元できないという点に存している。このことは、レヴィナスにとって、次のことを意味している。すなわち、「〈他者〉には、私がそれについて知っていることに対してつねに余剰ないし隔たり」があるのであり、「それをめざす志向に対してめざされた存在がつねに超過していること、度を超していること、このことが顔という名で言われることなのである」。顔とは、言ってみれば、自らの外的な形態を超え出る。「顔のなかで自らを現す他人は、いわば自分自身の造形的な本質を突き破る。自分の姿がすでに描き出されている窓を開く存在のようにである。それが現前するということは、それをすでに表している形態を脱ぐことなのである」[16]。レヴィナスははっきりとこう述べている。他者との真の出会いとは、顔の諸々の個別的な特徴を消去するという条件のもとでしか、つまり、結局のところ顔が見えないものとなるという条件のものでしか到来しない。「あなたが鼻や額や顎を見て、それがどのようであったか描くことができる場合、それはあなたが他人に対して物に向かうのと同じように向かっているということ」[17]なのである。他人に対しその還元不可能な唯一性において接近すること、他人をその根本的な他性においてあらしめること、このことが前提としているのはむしろその「声」を聴く位置に自らの身を置くことである。というのも、「顔が語る」（TI, 61／八四）のであり、そうすることによって、享受、把捉、認識とは別の関係へと誘うからだ。この剥き出しの顔が私に呼びかけ、「汝殺すなかれ」と私に命じる。顔が私を「見つめる」のは、この絶対的な剥き出しについて私が応答するよう要請するためである。とするならば、顔へと接近することは、美学的《エステティック》なものではなくまずもって倫理的《エティック》なものであろう。というのも、人間が神の似姿《イマージュ》で創造され、人間の顔がまさに、像など持たない〈お方〉との類似の痕跡をとどめているのだとしても、「神の似姿であるということは、神のイコンであるということではなく、その痕跡のうちにいるということであり［…］、痕跡のうちにある諸々の他者へと向かうことなのである」[18]。レヴィナスはしたがって、われわれが他人を迎接する位置に身を置くために、逆説的にも顔の個別的な特徴を消去するよう命ずるのであり、このことこそが自己と他人の承認を可能にするのだ。こうした定義によって、同時に、知覚の地位、それが持つ把持や享受の意志といった、まさしく「無限にかかずらうことなしに有限なもので満足する」ことが問いただされることになるだろう（TI, 209／二七七）。

3　レヴィナスの思想の進展

美学に対するレヴィナスのこうした告発は、同時に、二人の例外を除いて、「抽象」芸術、アンフォルメル芸術にも及ぶ。この芸術は、対象《オブジェ》の世界や現実に対する隷属とは手を切り、そのために人間の顔をも消去してしまったのである。「われわれの時代の芸術は宗教的なものであろうか。私はそう思う。とはいえ、それはミケランジェロのようにして神の肖像画を描くという意味ではない。「汝像を作るなかれ」という戒律に従おうということなのだ［…］」、とジャン・アルプは書いていた[19]。ワシリー・カンディンスキー、ピエト・モンドリアン、カジミール・マレーヴィチ――芸術の新たな境域を切り開いたこの三人は、芸術のなかに精神的な要素を見いだすという欲望につき動かされ、自分たちの預言者的な使命を確信し、そして無限的なものの探求という名のもとで表象を自らに禁じた偉大な開拓者ではあったのだが、いずれもエマニュエル・レヴィナスの気に入るということはなかった。

レヴィナスが賛同した二人の例外のうちの一人は画家のジャン＝ミシェル・アトランである。レヴィナスが「絵画のシャーマン」と呼び、その作品には「聖書を思わせる清純なエロティスム、柔和さ、同情、そしておそらくは慈愛」があると称えた人物である。[20]『エリコ』（一九五八年）、『エリコの城壁』（一九五九年）、『ソドム』（一九五八年）、『列王記二』（一九五九年）、『モーセ五書』（一九五八年）、『アボダー・ザーラー』（一九五八年）といった、旧約聖書からとられたエピソードを明白に参照する多くの表題に加え、批評家で伝記作者のミシェル・ラゴンに宛てたアトランの以下のような打ち明け話は、レヴィナスの解釈を裏打ちするものである。「私が（一四歳のころからもっていた）魔術や神秘についての関心は私の絵にも見られます。エロティックな形態、魔術的ないし神秘的な形態をそこに見る方もおりましょうが、これは偶然ではないのです。私は、「ハシディーム〔ユダヤ教の敬虔派〕」、イスラム教の修道僧、仏教の舞踏家、アフリカやアメリカの黒人呪師に親近感を覚えます。〔…〕私を自らの使命へと導いたのは、美術館ではなく、シャーマンたちなのです」[21]。こうした形態を生き生きとしたものとするために、アトランはしばしば、詩、ダンス、音楽、絵画に共通するリズムの概念を援用する。「リズムの必要性こそが、私の絵の特徴でしょう。そこに描かれた形は、踊ったり戦ったりしているのです」[22]。そして、まさにこのリズムの概念こそ――ジャック・デリダをはじめ何人かの批評家が、ここにヘブライ語のアルファベットの波打った形とのアナロジーを見ているが――、レヴィナスがこの画家に言及する際に取り上げるものにほかならない。レヴィナスがこの概念に見てとっているのは、筆でたったひと描きするだけで、カンバスに描かれた諸々の形の空間性や同時性から、「リズムの隔時性、時間性の動悸」を引き放とうとするアトランの熱望である。[23]アトランの絵画ではたらいているリズムは、こうして、表象のなかに作品を凝固させ石化させる空間からカンバスを引き剥がし、これを時間の隔時性、他人との関係、さらには生そのものの次元へと移し入れる。このような、作品を凝固させることの拒否、作品を不動の事物の表象の外に引き出そうとする意志、この点にこそ、レヴィナスがアトランに例外を認めたことの証左があるだろう。

レヴィナスが認めた例外の第二は、彼自身のことばで言えば、彫刻家サシャ・ソスノの「不安を抱かせる異邦性」に関わる。報道カメラマンとして出発したソスノは、アイルランド、バングラデシュ、ビアフラ〔現ナイジェリア〕でおさめてきた耐えがたいほどの残虐な映像が頭から離れず、一九六九年には『ビアフラ　死の接近、生の連続性』という著作を公刊し、[24]それに消し取られた（*oblitéré*）――つまり、部分的に赤い長方形で掩蔽された――写真を添えた。この技法は、その後カンバス素材にも適用されることになるものである。一九八〇年代の初頭から、ソスノは彫刻に移行する。くりぬかれたシルエット、ふくらはぎや足の指だけ出すかたちで六面体に覆われたシルエット、ミニマルで祖型的な形しか見せることない中空の襞、鉋《かんな》で平削りにされたような頭や、顎の下部や首だけ出して、大理石や青銅の塊でできた万力で締めつけられたような頭、こうしたものが彼の「意味論的道具」となっていった。ここには、次のような二重の力点があるように思われる。一つは、素材の無定形な混沌から形態や完全に完成した細部を生み出すという〈創造主〉の行為にも似た彫刻家の行為そのものにわれわれの注意をひきつけることであり、もう一つは、われわれが古典的な規定に従って完全に完成した美と出会うことを期待するまさにその場所でわれわれの視線を狼狽させることである。そして、サシャ・ソスノの彫刻を――とりわけ彼がまさしく『未完のもの』という表題をつけた一連の彫刻において――特徴づけるこの不完全性こそ、レヴィナスが彼に注目する動機となっているように思われる。「作品は決して完成してはいません。そして作品が決して完成していないのは、現実がつねに損なわれている、その意味で消し取られているからです」[25]。ユダヤの伝統における表象の禁止に対する違反を思い起こすこともできるだろう。ただしここではこの違反は、まさに消し取り（oblitération）、不完全性という方策でもって抑えられている。というのも、タルムードの「アボダー・ザーラー篇」によれば、聖書における禁止が関わるのは、人間の顔の表象であり、しかも、立体的で完全な人間の顔の表象だからである。この禁止が前もって告発していたのは、一方で、芸術家が〈創造主〉に肩を並べると自称することであり、他方で、観覧者の欲望を充足させることであった。「ヘブライの伝統」における完全性に対する禁止とは、「[…] 見えないものを我がものとし、これを像へと還元しようと渇望する芸術家の逸脱を警戒するものである。[…] それは絵画や彫刻に対する感嘆を抑制するよう命ずるのではなく、見えないものに対する注意深い視線をこうした作品に対しても向けるよう促すのである」(26)。ソスノの彫刻がレヴィナスの目にとまったのは、まさしく、それがもつ不完全性のためであろう。そのために、彼の歩みは、結局のところ、アトランと同じように、「「表象できないものの呈示」（あるいは崇高という呈示できないものの呈示）」(27)として理解されたのかもしれない。また、彼の『未完のもの』のいくつかの表題のうち、『だが文字は飛び去った』――〈律法の石版〉が割れたことについてのタルムード的な言及――、『水のただなかに空いた空間』――紅海を横断するユダヤの民を思い起こさせる――、あるいは『民が何と言うか行ってみてくるがよい。石が泉に変わっているだろう』――岩から水を湧き出させた預言者に対する言及――、こうしたものがレヴィナスにこの彫刻家の魅力を感じさせるのに一役買っているということもありうるだろう(28)。

しかし、本稿を締めくくるにあたり私が注意を促したいのは、ある一人のアメリカの芸術家とレヴィナスとの実現しなかった出会いについてである。この芸術家は、画家であり彫刻家であり理論家でもあったのだが、一九五〇年代に、〈書物〉の民への帰属ゆえに、「不可能なものを描く」、「表象不可能なものを描く」という任務をはっきりと自分自身に割り当てていたのである。実のところ、バーネット・ニューマンの絵画こそ、その脱肉化への意志のために、アトランの絵画やソスノの彫刻以上に、無限なものの呈示として解釈されうるように思われるのである。

4　書物の民に属する者は、「不可能なものを描くことを試みる」という条件においてしか画家になることはできない(29)

「ニューヨーク派(30)」に属する抽象表現主義の画家バーネット・ニューマン（一九〇五―一九七〇年）はこう述べた。現実の悲劇的状況を記録にとどめるのにふさわしい図像を追い求めたこのジェノサイド以降の画家は(31)、レヴィナスが芸術について行なった「逃避」という非難を免れる者であった。彼が自らに課した選択は、ゾラン・ムジチやミクロス・ボコルといった他のショアー以後の画家たちがとった選択の対極に位置する。彼らは、ナチズムが失わせた人間の顔を人間自身に復元したのであった。エルンスト・ブロッホは『希望の原理』のなかで「抽象を知った世紀とは、強制収容所を知った世紀でもある」と喚起していなかっただろうか。ジャン・クレアも同様である。「ナチズムの勝利、それは人間に顔を失わせたことだ(32)」。アレクセイ・ヤウレンスキー（一八六四―一九四一年）が、顔を具象化するか消去するかで躊躇し、徐々にこれをイコンで――楕円形に十字を引くだけで目、鼻、口を象徴化することはできる――、すなわちダマスコのヨハネによれば「見えないものの類似」を描く像《イマージュ》で置き換えるようになった際に見せた豹変ぶりも、彼の気を引くことはなかった。ニューマンは、まったくただ、顔（visage）に直面（envisager）しないのだ。

こうした表象の禁止は、ニューマンにおいては、聖書の戒律の順守というかたちで説明されるのだろうか。

ニューマンは宗教者であったわけではなく、彼の言葉を信じるのならば、シナゴーグに通っていたのも純粋な社会的義務としてにすぎない。だが、彼の蔵書は、彼がタルムードやカバラーをよく知っていたことを物語っている。加えて、アトランやソスノとまったく同じように、自分の絵画に表題をつけることは、彼にとって決して二次的ないし付随的なことではなかった。そこに、人間による最初の創造行為の反復を見ることは禁じられはしないだろう。すなわち、〈創造〉された動物たちに名前をつけるという、天使のなしえなかったことをなし遂げるアダムの行為の反復である。実際、神による世界の創造に倣い、ニューマンははじまり（『はじめに』、『一より前の日』（Day before one）、『一の日』（Day one））からはじめている。これについてピエール・シュネデルは次のように注釈している。「ニューマンの絵画作品は、旧約聖書のように、ベレシート、すなわち〈はじめに〉から開始されている(33)」。彼の絵画は解読すべきものは何も示さず、いかなるメッセージも託してはいないとはいえ、それがもつ情動の絡みあいは、「空間の神聖化」（『司教座』、『シャルトル』、『そこではない』、『ここ』）や、旧約聖書から好んで選ばれた聖書の逸話（『門』、『エリコ』）、イサーク・ルーリアのカバラー（『起源の光』、『名前　二』、『世界　二』、『白火　一』）、しかしまた、キリスト教的な図像学《イコノグラフィー》（『十字架の道の留』）にも結びついている。この『十字架の道の留』には、アラム語で「レマ・サバクタニ」、すなわち「なぜわたしをお見捨てになったのですか」という副題がつけられている(34)。これはニューマンによれば「根源的な問い」であるが、これに対する唯一の返答とは、一四の道の留すべてをつかさどる一五番目の留の表題となっている、『Be II』、すなわち「あれ」（Sois）なのである。

一九四八年は、この芸術家の作品にとって一つの断絶を記す年であった。彼は、一月二一日にはじめられたある一つの絵によって、これまで求めてきた哲学的かつ抽象的な表現にはじめて到達するのである。これは彼にとってかくも驚きであり、この表現について熟考するために数ヶ月も絵を描くのを中断するほどだった。この熟考に終止符が打たれたのは、キプールの日、すなわち「ユダヤ教の贖いの日」、〈大いなる赦し〉の日であった。彼はこの絵の表題を『Onement I』とすることにした。これは、〈一性〉(Unitude)、〈充満〉(Plénitude)、〈調和〉(Harmonie)などと訳せるかもしれないが、ニューマンによれば、この語は、〈なだめ〉(Propiation)、「一性において(At-Onement)、贖い(Atonement)」を思い起こさせるものなのである。同じ一九四八年に、ニューマンは「崇高は今」という論稿を書いていた。ニューマンはこの論文においてカントを引用しているが、彼はそこで、自らが願いを込めて新たな美学と呼んだものへと導きうるいくつかの哲学的な観念のなかでも、美と崇高という カントの区別を重視するのである。思い起こせば、カントは、『判断力批判』において、像と概念との調和によってかき立てられる快と定義される美(*Schöne*)の感情に対し、理性理念に関わり、「あらゆる関係において(あらゆる比較を絶して)、純粋に、単純に、絶対的に大であるもの」と定義される崇高(*Erhabene*)の感情を対置していた。(35) 崇高の感情を特徴づけるのが動揺であるのに対し、美の感情は平静さをとどめている。崇高の感情においては快と不快が混じりあう。われわれのうちで、たとえば砂漠、山、嵐、火山の爆発といったものがかきたてる絶対的なものの観念にみあった表象を構想力は供することはできないからである。しかしながら、一切の感性的直観がないのにもかかわらず感じられる不快は解消し、快に——尊敬や驚嘆の「消極的な快」に——変わる。構想力の失敗は、われわれにおける超感性的能力の否定的な兆候、この場合では理念の力の巨大さの兆候にすぎないのである。ところで、この力の無限性ないし大きさの絶対性——これらは純粋理念だが——は、時間的にも空間的にも直観に対して呈示されることがないのだが、ただ、少なくとも、カントが「消極的呈示」と名づけたものによって喚起されることもありうる。そして、カントがその例として挙げるのは、まさしくモーセの律法における表象の禁止なのである。

おそらく、ユダヤ人の律法の書における、「汝、像を作るなかれ　上は天にあり、下は地にあり、また地の下の水の中にある、いかなるものの像も作るなかれ」という戒律以上に崇高な章句はあるまい。唯一、この戒律のみが、繁栄した時代にユダヤ民族が他の民族と比較されたときに自分たちの宗教に対して抱いた熱情や、マホメットの宗教が鼓舞する自尊心などを説明することができるのである。このことは、道徳的法則の表象や、われわれのうちにある道徳性へ向かう性向についてもあてはまる。[36]

カントの崇高という観念が含みもつこうした高み、通約不可能性の次元、これは、レヴィナスにあって他人のむき出しの〈顔〉を特徴づける「高みからくる現前」を想起せずにはおかない（TI, 62／八五）。そこでは神は、そこに受肉することなしに自己を啓示するのであった。レヴィナスによれば、「像の放逐は、真に一神教の至高の戒律である」ためである。[37]

モーセの表象の禁止を述べ伝える崇高とは、構想力は神の表象を形成することができずとも消極的に無限の観念を呈示するという点に存しているのである。

（渡名喜　庸哲　訳）

注

（1） Emmanuel Levinas, « La réalité et son ombre » [1948], repris in *Les Imprévus de l'histoire* [1994], Le Livre de poche.〔『歴史の不

測』合田正人・谷口博史訳、法政大学出版局、一九九七年〕

（2）E. Levinas, *Autrement qu'être ou Au-delà de l'essence* [1974], Le Livre de poche, p. 235, note 1.〔『存在の彼方へ』合田正人訳、講談社学術文庫、一九九九年、四四六頁〕

（3）E. Levinas, « L'ontologie est-elle fondamentale ? », in, *Entre nous. Essais sur le penser-à-l'autre* [1991], Le Livre de poche.〔『われわれのあいだで』合田正人・谷口博史訳、法政大学出版局、一九九三年〕

（4）E. Levinas, *En découvrant l'existence avec Husserl et Heidegger* [1949/1967], Paris, Vrin, 2001, p. 263.〔『実存の発見　フッサールとハイデッガーと共に』佐藤真理人ほか訳、法政大学出版局、一九九六年、二七二頁〕

（5）*Ibid.*, pp. 231-232.〔「哲学と無限の観念」『超越・外傷・神曲』内田樹・合田正人訳、国文社、三五五頁〕

（6）E. Levinas, *De l'oblitération*, Entretien avec Françoise Armengaud à propos de l'œuvre de Sosno, Paris, La Différence, 1998, p. 166.

（7）E. Levinas, « Interdit de la représentation et "Droits de l'homme" », in *Altérité et transcendance*, Montpellier, Fata Morgana, 1995, p. 130.〔『他性と超越』合田正人・松丸和弘訳、法政大学出版局、二〇一〇年、一一三頁〕

（8）E. Levinas, *De l'oblitération, op. cit.*, p. 36.

（9）*Ibid.*

（10）Jacques Colléony, « Levinas et l'art : la réalité et son ombre », *La Part de l'œil*, 1990, p. 786.

（11）E. Levinas, « La réalité et son ombre », in *Les imprévus de l'histoire, op. cit.*, p. 119.〔『歴史の不測』前掲、一一二頁〕

（12）*Ibid.*〔同上〕

（13）*Ibid.*, p. 124.〔同上、一一七-一一八頁〕

（14）Jean-Christophe Bailly, *L'apostrophe muette. Essai sur les portraits du Fayoum*, Paris, Hazan, 1997.

（15）E. Levinas, *En découvrant l'existence avec Husserl et Heidegger, op. cit.*, p. 173.〔『実存の発見』前掲、二〇一頁〕

（16）E. Levinas, *Humanisme de l'autre homme* [1972], Le Livre de poche, p. 51.〔『他者のユマニスム』小林康夫訳、書肆風の薔薇、一九九〇年、七六頁〕

（17）E. Levinas, *Éthique et Infini. Dialogue avec Philippe Nemo* [1982], Le Livre de poche, p. 79.〔『倫理と無限』西山雄二訳、ちく

ま学芸文庫、二〇一〇年、一〇六頁〕

(18) E. Levinas, *En découvrant l'existence avec Husserl et Heidegger*, *op. cit.*, p. 282.〔『実存の発見』前掲、二九五頁〕

(19)（訳注）Jean Arp, *Jours effeuillés*, Paris, Gallimard, 1966, p. 461.

(20) E. Levinas, « Jean Atlan et la tension de l'art », in *Cahier de l'Herne*, n. 60 : « Emmanuel Levinas », sous la direction de Catherine Chalier et Miguel Abensour, Paris, éd. de l'Herne, 1991, p. 510.

(21) Michel Ragon, *Atlan, mon ami. 1948-1960*, Paris, Galilée, 1989, p. 187.

(22) *Ibid.*, p. 190. 同様のことを主張する引用はほかにもある。「私のダンスに対する情熱、私の絵自体も、ある意味ではダンスとして、ともかく自然の本質的なリズムを把握し、捉える芸術としてみなすことができます」(*ibid.*, p. 191)。あるいはまた「リズムこそが形を生み出し、画布の空間を共有し、生きた構成を創り出し、ついにはわれわれが名前をつけることができないような形に生を与えるのです」(*ibid.*, p. 192)。

(23) E. Levinas, « Jean Atlan et la tension de l'art », in *Cahier de l'Herne*, *op. cit.*, p. 509.

(24) Alexandre Sosnowsky, *Biafra. Proximité de la mort. Continuité de la vie*, Préfaces du Cardianl Marty, du Professeur Wolf, prix Nobel et de Pierre Emmanuel de l'Académie françaice, Paris, Fayard, 1969.

(25) E. Levinas, *De l'oblitération*, *op. cit.*, p. 13.

(26) Catherine Chalier, *La trace de l'infini. Emmanuel Levinas et la source hébraïque*, Paris, Cerf, 2002, p. 265.

(27) Daniel Charles, in F. Armengaud, *L'art d'oblitération Essais et entretiens sur l'œuvre de Sacha Sosno*, Paris, Kimé, 2000, p. 13.

(28) F. Armengaud, *L'art d'oblitération*, *op. cit.*, p. 121.

(29) Pierre Schneider, *Petite histoire de l'infini en peinture*, Hazan, 2001, p. 279.

(30) この抽象主義の潮流に属するのは、とりわけアドルフ・ゴットリーブ、クリフォード・スティル、フランツ・クライン、ヴィレム・デ・クーニング、ロバート・マザウェル、バーネット・ニューマン、ジャクソン・ポロック、マーク・ロスコである。

(31) レヴィナスが「ハイデガー、ジェノサイド以前の哲学者」と語る意味において（« Un langage pour nous familier », *Les imprévus de l'histoire*, *op. cit.*, p. 128.〔『歴史の不測』前掲、一三三頁〕)。

(32)（訳注）Jean Clair, *La barbarie ordinaire. Music à Dachau*, Paris, Gallimard, 2001, p. 28.

（33） P. Schneider, *Petite histoire de l'infini en peinture*, *op. cit.*, pp. 296 et 298.

（34） （訳注）「マタイによる福音書」二七章四六節。

（35） Emmanuel Kant, *Critique de la faculté de juger*, *Œuvres philosophiques*, II, Paris, Gallimard, « Bibliothèque de la Pléiade », 1985, éd., publié sous la direction de F. Alquié, « Analytique du Sublime », §25, p. 1017.

（36） *Ibid.*, §29, p. 1048.

（37） E. Levinas, *Les imprévus de l'histoire*, *op. cit.*, p. 124. 〔『歴史の不測』前掲、一二八頁〕

レヴィナスとコイレにおける無限の観念

アンナ・ヤンポルスカヤ

はじめに

レヴィナスが倫理は「第一哲学」であると断言したことは周知のとおりである。この一節を読むとき同時に参照すべきなのはフッサール、デカルト、アリストテレスだが、それが前提としているのは、われわれが哲学における新たな始まりについて語っており、この始まりから哲学の他のすべての分野、少なくともその主要な基礎づけのすべてが「倫理的なもの」を起点として見直されねばならない、ということである。そしてまた、最も重要なことだが、「倫理的なもの」に基づいてのみ、われわれは「哲学的なもの」一般についても語ることができるということなのである。

まさしく哲学をするという方法それ自体を変えてしまいかねない、こうした倫理（ないし倫理的なもの）の再考とは本質的にどのようなものなのだろうか。他の人間存在への関係が、哲学一般の再構築（あるいは破壊や脱構築）への出発点となるようにするためには、この関係をどのように考えたらよいのだろうか。

レヴィナスにとっての倫理はたしかに一つの実践（*praxis*）であるが、ある特殊な実践である。すなわちここで問題となっているのは、単に他者に向かってどのように行為するかということだけではなく、他者のことをどのように考えるかということでもある。まさに思惟の仕方そのものが「思惟の敬虔さ」として実践になるべきなのであって、私の隣人、もう一人の人間存在を単に私自身に似た「心身の」統一体としてのみ考えることは許されないということなのである。レヴィナスは〈他者〉が絶対的に到達不可能なものだとはっきり述べている。〈他者〉の他者性はその聖性なのであり、このことはユダヤ的伝統に従えば徹底的な分離として理解することができる。レヴィナスにとって〈他者〉そのものへの到達は感情移入によっても私自身の自我との類比によっても、いわんや客観的な認識によってもなしうるものではない。言うまでもないことだが、レヴィナスは心理学や政治学や人類学の価値を否定しているのではない。レヴィナスは倫理のうちに一種の「精神的な光学」を、すなわち「知の批判的側面」を守るための何らかの精神的な営みを見ている。言い換えれば私自身に対して批判的な態度をとる可能性、またそれを通じた真理の可能性を見ているのである。倫理を第一哲学として解釈し直す際に目標となっているのは、他の人間存在の聖性を保ち、守るということである。他の人格の聖性を哲学に拠らずに前提とすることによって、他者性を超越として哲学的に承認する道が開かれる。

倫理は、［…］思考の観想的営みのお膳立てをするだけではないのだ。もしそうなら、思考の観想的営みが超越を一人占めすることになろう。形而上学的超越を起点とするとき、観想と実践の伝統的対立は消失してしまう。形而上学的超越とは絶対的に他なるものあるいは真理との関係が確立される場であり、この超越の王道が倫理なのである。（TI, 15／二六）

レヴィナスは倫理を〈他者〉の超越を保つ関係として提示しているのである。

それゆえ、問題は以下のようになる。どのように超越的なものを思考したらよいのか、そしてまさにこの思考という行為によって超越的なものをわれわれの意識の内在へと還元しないためにはどうしたらよいのか。こうした哲学上の根本問題はプラトンにまで遡るが、プラトンは〈同じもの〉への関係からみた〈他者〉ではなく、〈他者〉としての〈他者〉を直接思考することは不可能であると述べていたのであった。

レヴィナスは、われわれが自分たちの意識の対象を扱うのと同じように超越的なものを巧みに扱うことはできないと主張し、さらには超越的なものと対象的なものの区別を自らの仕事のきわめて重要な点とみなしている。

> 無限者、超越者、〈異邦人〉を思考すること、それはしたがって対象を思考することではない。〔…〕対象性と超越との差異は本書の考察全体を導く指針となるのであろう。（TI, 41／五六–五七、強調はレヴィナス）

ただし、超越的なものと対象的なものの対立は現象学的伝統のごく自然な展開とみなすこともできる。実際、フッサールの有名なスローガン——事象そのものへ（*zu den Sachen selbst*）——は対象〔客体〕に対する主体の関係を再考することを、そして最終的には、対象世界の真の超越を明らかにすることを迫るものであった。意識を事物へと向ける志向性が注目に値するのは、それが主体の意識、このすぐれて内在的なものを、世界の還元しえない超越へと開くという点においてである。そしてこの扉を開く鍵となるのが意味である。意識は或る現象の意味を構成するが、それは当の現象の本源的な所与性において、すなわち構成の絶対的地平においてである。この構成の地平は、志向された意味というものが、でっち上げられたり組み立てられたりした意味、すなわち内在的な意味ではないことを保証するものである。というのも、この意味はつねに他者たちによって、私自身の身体性によって、そして最終的に世界そのものによって「共に構成されている」[1]からである。フッサール自身が「内在的なものにおける超越」と呼んだ逆説である。

フッサール現象学に特徴的なこの超越的なものの問題に対する注意深さと同じものが、ハイデガーの初期の仕事においても際立っている。とはいえ、ハイデガーはある程度の不満を抱えていた。ハイデガーは、まさにこの点でフッサールを徹底化しようと努めて、いくつかの根本的な問題点を明るみに出し、そうすることで事実上現象学の外へと出ざるをえなくなったのだった。ルドルフ・ベルネの指摘によれば、ハイデガーが試みたのは「フッサールによって意味の、さらには認識の理論という狭い枠組みの中に囲い込まれていた［志向性という］現象をこの枠組みから救い出すこと」[2]であった。特に、ハイデガーは志向性を内在的な志向（*intentio*）と超越的な志向サレルモノ（*intentum*）との関係として解釈し直すことで、主体の主体性そのものが自ら超越していくもの（*Transzendenz*）なのだと結論するまでにいたった[3]。このアプローチは基本的に意味付与の問題を、いかに意味付与が達成されるのかという問題へと還元する、言い換えれば、実存者そのものがどのように自らを顕わにするのかという問題へと還元するものである。『存在と時間』において意味は存在の意味となるが、しかし存在は対象ではありえない。後期ハイデガーにとって対象についての思考、より広く考えれば対象に対する主体の関係は、接収、支配、所有等々といったものになる。それゆえ思考を対象に対する主体の関係でもって記述することを避けようとするハイデガーは、内在的なものと超越的なものという対を用いて思考することを差し控えることになるのである（こうした視点でみるとこれら二組は密接に関係している）。

このような観点からすれば、ハイデガーによる「超越していくもの」としての志向性という解釈はフッサール自身の意図の発展として読むことができる。(4) レヴィナスは超越的なものの問題に対処するにあたって、フッサールにもハイデガーにも立ち向かうのであり、この問題が次第に彼の著作の主な焦点となってくる。これがレヴィナスの議論の大まかな図式である。他の人間存在の超越(あるいは他者性)は、事物、世界、芸術作品、さらには時間といったものの他者性とは根本的に異なっている。いずれにせよ認識や所有へと還元されうる世界の他者性とは異なり、〈他者〉の他者性は本質的に還元不可能である。〈他者〉の他者性は「倫理的な」類のものであるのだから、〈他者〉としての〈他者〉への関係はノエシスとノエマの相関関係でもって記述することはできないし、ましてや脱自的時間性といった見地から記述することなど決してできない。言い換えれば、フッサールにとってもハイデガーにとっても、他人の超越は世界ないし時間の超越の一個別事例であるのに対し、レヴィナスは反対に、絶対的に〈他なるもの〉、すなわち超越的な〈他者〉への関係を基礎としてのみ、われわれは世界の超越と時間の新しさを看取できると主張するのである。

〈他者〉は個別事例、他性の種類のうちの一つではなく、秩序に対する原初的な例外である。〈他者〉が超越の関係を「起動させる=場を与える」のはそれが目新しいものであるからではない――〈他者〉に対する責任が超越であるからこそ太陽の下に新しきものがありうるのである。(5)

レヴィナスによれば〈他者〉の超越とは〈他者〉への責任であるわけだが、しかしこの超越は実際にはいかにして時間および世界の超越を見出すことになるのだろうか。〈他者〉の超越の特徴とは、あるいはより正確に言えば、この超越についてわれわれが哲学するための方法の特徴とはどのようなものなのだろうか。一九三〇年、レヴィナスは志向性を「真の超越作用であり、あらゆる超越の原型そのもの」[6]と呼んだが、しかし、なぜその志向性は〈他者〉に〈他者〉そのものという意味を授けることができないのだろうか。なぜ志向性はわれわれに〈他者〉の真理を与えることができないのだろうか。われわれが指摘したいのは、ある特殊な倫理的実践として、責任においてのみ接近可能な〈他者〉の真理とは、知の真理へは還元しえない特殊な様態の真理なのだということである。それゆえわれわれは知の領域と認識の哲学の許を去り、超越的なものによって触発される哲学へと接近することになる。[7]この新たな真理は、認識の断絶を前提としており、またノエシスとノエマの相関関係を超え出ていくものだが、レヴィナスはそれを「われわれのうちなる無限の観念」として記述している。〈無限〉についてのデカルト的な観念は伝統的に「神の実在の存在論的証明」の基礎づけとみなされてきたが、レヴィナスにあっては、これは、〈他者〉に対して本質的に合致しない（それゆえに非-志向的な）関係のモデルとして解釈し直される。すなわち、〈私〉がある意味ではつねにすでに巻き込まれている関係のモデルとして解釈し直されるのである。

本論考の課題は、レヴィナスによる「存在論的証明」の読解とその他の思想家による解釈の結びつきを明らかにすることである。哲学史研究においては、哲学上の学派や運動それぞれの違いをはっきりさせようとするのが通例である。しかしながら、レヴィナスほどのきわめて独創的な思想家の場合、当の思想家によって継続され発展させられている思想史上の血統を確定するほうがより生産的であるように思われる。そこでわれわれが指摘したいのは、第一に、レヴィナスの論理は、聖アンセルムスの『プロスロギオン』で提示された「存在論的証明」の元来の姿に似ているということである。第二に、レヴィナスによるデカルトの「第三省察」の読解が、同世代であり年長の友人でもあったアレクサンドル・コイレによるデカルト解釈およびアンセルムス解釈と著しい類似を見せているということを示したい。最後に、レヴィナスとコイレにおける有限者に対する無限者の優位を分析することによって説明しようと思うのは、レヴィナス哲学のいわゆる「神学的前提」の問題、より正確に言えば、まさにいかにして〈他者〉の超越が哲学的反省のなかで神の現前によって条件づけられているのか、という問題である。

1 コイレとレヴィナス――哲学者たちの邂逅

若干話が逸れることになるが、少しだけレヴィナスとコイレの主たる哲学上の出会いを思い起こしておこう。レヴィナス同様、アレクサンドル・コイレが生まれたのは帝政ロシア、ロシア語を話すユダヤ人家庭であったが、バルト海沿岸地方ではなく南ロシアのタガンログだった。早いうちからコイレはフッサールの哲学教育に関心を寄せるようになり、その教えを受けるためゲッティンゲンにやってきた。噂では、ロシア時代、コイレはまだ若かったにもかかわらず政治活動の咎で投獄されたことがあり、独房で唯一持っていた書物がフッサールの『論理学研究』だということである。コイレはゲッティンゲンに二年滞在し論文を執筆したが、フッサールにはあまり評価されなかったため結局提出されることはなかった。そこでコイレはフランスへ移り、居を定めた。一九二二年と一九二三年、彼はアンセルムスとデカルトについての著作を出版し、(8) ジャン・エラン〔ヘーリング〕がこれらの著作をストラスブールの学生たちに勧めたのだが、そのなかに若きレヴィナスがいた。そして、フランスにおける傑出したロシア系哲学者たちが、フッサールをパリに呼ぼうと言い出したレフ・シェストフを支援したとき、そのなかにはコイレがいたのである。フッサールのパリ訪問をきっかけとして、レヴィナスと一三歳年上であるコイレの長きにわたる友情が始まったというのは十分ありうる話である。『デカルト的省察』をフランス語に訳した二人の人物の一人がレヴィナスであったことはよく知られているが、それに比べてコイレがこの翻訳の編者であったことはおそらくあまり知られていない。コイレに宛てた手紙では、フッサールはコイレが「真の翻訳者」(*der eigentliche Übersetzer*) であると考えており、フランス語訳においてコイレが果たしてくれた役割について感謝の意を記している(実際にはフッサールはこの翻訳を好んでいなかったのだから、これは曖昧なお世辞であった)。コイレはまた、ハイデガーのまさに最初のフランス語訳、アンリ・コルバンによる『形而上学とは何か』に序文を寄せた人物でもあった。[9] レヴィナスが一九三〇年にパリに移ったとき、コイレは高等研究院(l'Ecole Pratique des Hautes Etudes) で教鞭を取っており、そこで行われたヘーゲル講義は非常に活気を呈していた。レヴィナスはコイレの講義に出席したが、コイレと、さらに高等研究院でコイレの後を継いだアレクサンドル・コジェーヴと、ロシア語で哲学について議論するレヴィナスの姿が見られた。たしかに議論するべき問題があったのである。レヴィナスはコイレらが編集にあたった雑誌『哲学研究』(*Recherches philosophiques*) に積極的に参加したが、彼の論考「逃走について」が最初に掲載されたのはこの雑誌である。その後『哲学研究』はすぐに哲学関連の雑誌のなかでも主要な地位を占めるようになった。レヴィナスが寄稿したもののほとんどは書評であるが、それらはほぼすべての号に掲載されている。レヴィナスとコイレはフランスにハイデガーの影響が広まるにあたって主要な役割を担ったわけである。第一号にはハイデガーの『根拠の本質について』のフランス語訳が掲載された。[10] 同年、レヴィナスは三五ページに及ぶ論文「マルティン・ハイデガーと存在論」を発表するが、一九四九年に〔『フッサール、ハイデガーと共に実存を発見しつつ』に〕再録されたときには熱烈な賛辞が削除されていた(そのうちの一つを引用させていただきたい)。

図らずも、名声はふさわしい人物のもとに訪れ、またいつもとは違って、存命中にやってきたのだった(11)[…]。

ハイデガーに入れあげていたレヴィナスとコイレの二人はすぐに態度を変えたが、ドイツからの不吉な知らせを持ってきたのはコイレであった。四〇年代後半、コイレとレヴィナスはジャン・ヴァールが主宰したフランスでのハイデガー哲学をめぐる討論に参加した。当時発表された論文ではコイレはハイデガー哲学に対し非常に批判的な立場であった。レヴィナスとは異なり、どうやらコイレはハイデガーの思想への賞賛の念をすっかり失ってしまったようにみえる。ハイデガーがフランスを訪れた際には、コイレもレヴィナスもハイデガーに会うことは拒否した。こうしてレヴィナスとコイレの友情は一九六四年にコイレが亡くなるまで続いたのだった。

2 「無限の観念」の系譜学

さて、絶対的に他なるものへの哲学的な接近という課題を引き受けたレヴィナスは、デカルトの「第三省察」に由来する「無限の観念」に導かれ歩を進めることとなった。

このような〈同〉と〈他〉の関係においては、関係の超越性が関係に内包された諸々の絆を絶つことはない。かといって、この絆が〈同〉と〈他〉を一個の〈全体〉のうちに統合することもない。このような〈同〉と〈他〉の関係は、実を言うと、[…]デカルトによって記述された次のような状態のうちで定められている。つまり、〈無限〉から分離された「われ思う」が、「われ思う」にはいかにしても内包しえないこの〈無限〉

とのあいだに、「無限の観念」と称される関係を結ぶのである。（TI, 40／五五―五六）

レヴィナスが言及しているのはデカルトのいわゆる「存在論的証明」である。この証明は、「最も完全な存在者」が実在するという必然性に基づいており、思惟の主体はそのような存在者の観念を自らのうちに見出すとされる。デカルトは徹底的な懐疑の後にコギトの実在を確信するに至り、次いでその他の観念の探究へと進む。そこで明らかとなってくるのは、神の観念、〈無限〉の観念は絶対的に唯一のものであり、その他の観念とは非常に異なっているということである。デカルトはこの観念の分析によって思いがけない結論へと導かれる。すなわち、究極的には、コギトの実在はそれに先立つ無限なる実体に基づいているという結論である。デカルトは次のように書いている。

> また、私が無限なものを認識するのは、真なる観念によってではなく［…］ただ有限の否定によってであるなどと考えてはならない。というのも反対に、無限な実体においては、有限な実体においてよりも、より大きな実在性があり、したがって無限なものの認識が、有限なものの認識よりも、つまり神の認識が私自身の認識よりも、ある意味で先行して私のうちにあることを、私は明らかに理解しているからである。[12]

デカルトは神の観念が生得的であるのと同様に客観的であること、すなわち私の主観に依存してはいないことを信じているわけである。

デカルトの「論証」（argument）と、アウグスティヌスに遡るその初期の形態との類似はかなり早い時期から指摘されてきた。アウグスティヌスは神を探し、己の魂のうちに見つけ、その観念を己の精神のうちに認め、感謝の念で満たされながらこう叫ぶ。「もしすでにあなたを所有しているのでなかったのなら、私はあなたを探すことはできなかったでしょう！」[13]。デカルトの証明と『プロスロギオン』におけるアンセルムスの証明との類似はよりいっそう顕著である。アンセルムスの論証の核心部分を思い起こそう。『プロスロギオン』が「背理法」を用いて論駁しているのは、「詩編」一三編に登場する、神の実在を否定する愚か者の論理である[14]。神が「それより大きなものは何も考えられえない何ものか」（*aliquid quo maius nihil cogitari potest*）[15]、あるいは「それより大きなものが考えられえないもの」（*[id] quo majus cogitari nequit*）なのだとすれば、そのような対象が純粋に理論的には存在することは認めてもそれが現に存在することを否定するような愚か者でも、このような対象について、「より偉大な」こととして、それが現に存在するものであると考えることができる（『プロスロギオン』第二章）。したがってわれわれが最初に想定したように、愚か者は考えることのできるもののうちで最大のものを考えたというのは間違いだった、というわけである。コイレが指摘したように、アンセルムスはアウグスティヌスとは対照的に、存在論的な手法ではなく論理的な手法を採っている。コイレはこの文脈において、存在論に基づく証明がそれに先んじる神の本質についての知を前提とすると述べているが、このことはアンセルムスにとっては原則的に不可能なことなのである（この点に関してコイレはプロティノスの影響と偽ディオニュシオスとの類似を調べ上げている）[16]。アンセルムスは自身の証明において神の本質について直接言及しないように細心の注意を払っている。間接的な推論を選んでいるため、アンセルムスの論証はその後継者たちによる論証とは対照的に、厳密には「存在論的」ではないのである[17]。しかしながらデカルトはさらに先へ進んでいる。アウグスティヌスにとっては或る人の魂のなかに神の観念を発見すれば十分であり、またアンセルムスにとって神の非実在を論理的に把握することはできないということを示せば十分であったのに対して、デカルトは〈無限〉の観念は思惟の主体に合致しないものであって、その顕現を〈超越〉そのものに負っていると主張するのである。

レヴィナスはもちろんデカルト主義者ではない。なぜなら第一に彼は〈無限〉の観念を〈無限〉の観念そのものとしてではなく、〈同〉と〈他〉の関係と考えているからである。さらに、「第三省察」の論証が伝統的に神の実在のための「存在論的論証」と解釈されてきたのに対し、レヴィナスの解釈ではデカルトの〈無限〉の観念は何らかの神学的主張の論拠とはみなされていない。反対に、「私のうちなる無限の観念」としての〈無限〉の観念が有する真の哲学的意味は、神が「実在する」か「実在しない」かという問題とは関係なく明らかにされる。(18) レヴィナスの考察にとっての唯一の前提は、「神」(あるいは〈他者〉)という言葉が哲学的な問いかけのうちに現れているということ、ただそれだけなのである。

このようなデカルト読解をアレクサンドル・コイレの「第三省察」解釈と比較せずにはいられない。コイレの名が挙がるのは哲学と科学史についての画期的な著作との関連でというのが相場だが、われわれの主たる関心はアンセルムスとデカルトの神の観念を現象学的に解釈したその初期の著作にある。彼の才能が幅広いといって驚くにはおよぶまい。コイレは自身の哲学的な経歴の締め括りとなる時期にこう記していた。

　研究を始めた当初から、私は人間の思想には統一性があるという確信を抱いてきた。だから哲学思想史と宗教思想史を別々の水密区画へと分離してしまうことはできないように思われたのである。哲学思想史は宗教思想史から着想を得ることもあれば、対立することもあるが、いずれにせよそれに浸かっているのである。(19)

それゆえ、コイレがデカルトのうちに自らの科学的無限論の先駆者の一人を見てとっていたとしても不思議はない。コイレにとってデカルトは何よりもまず神学者であり、さらには「狂信的な護教論」者[20]、あるいは「新プラトン主義者」[21]である。コイレの考えでは、デカルトの業績のうち（科学的にも神学的にも）[22]最も重要な到達点とは、有限に対する無限の根源的な性格についての主張なのである[23]。

コイレにとってもレヴィナスにとっても、「第三省察」の重要性はデカルトの論証が何かを証明しているのか、していないのかといった点にあるのではない。デカルトの証明の論理的な組み立てはアンセルムスから借りてきたものである。この組み立て自体はすでにボナヴェントゥラの手によって明らかにされていた。議論は二つの部分から成っている。一方は無限な存在が可能であることの発見であり、他方はこの存在が可能性から実在へ移行することである。神ハ思惟サレル——故ニ神ハ存在スル（*Deus cogitatur - ergo Deus est*）、コイレによれば、デカルトの論理はこのように要約されるのである[24]。レヴィナス同様、コイレは論証の第二の部分（可能な存在から現実の存在への移行）にはほとんど注意を払わず、もっぱら第一の部分に焦点を合わせている。つまり最も完全な、あるいは最も無限な存在としての神の観念の発見である。無限の観念に基づいて組み立てられた先達の証明からデカルトの論証を根本的に分かつ差異を、コイレはどこに見ているのだろうか。コイレはこう書いている。

デカルト以前には、誰も無限についての真に明晰な観念を持つことができなかったし、無限の観念を神学的な意味合いから引き剥がすことはできなかった。要するに実無限の可能性、無限数の可能性をデカルトほどはっきりと主張できた者はそれまでいなかったのである[25]。

コイレは「科学思想、哲学思想、宗教思想の統一性」をめぐる透徹した直観に基づいて、以上のような本質的に数学的な観念から哲学上の帰結をどうにか引き出すことができた。われわれには、そうした帰結の痕跡がレヴィナスの著作にも認められると思われるのである。

それではコイレにとって、デカルトの数学上の業績が有する哲学的価値は何なのか。どうして数学の発展にとってかくも決定的であった実無限の導入が、諸科学の進歩の外部にも重大な影響を及ぼしたのだろうか。デカルトについてコイレは次のように述べている。

> 炯眼にして深慮に富むことにおいてカントールを凌ぐデカルトは、実無限の本質的な正当性を確立し、実無限を無際限という概念で代用するのは不可能であることを示しえたばかりでなく、さらにそれを有限なものの理論にとっての根拠にして原理としたのであった。[26]

言い換えれば、無限こそが有限を定義する基本概念なのであって、その逆ではないということである。この考えは、次のようなレヴィナスの言葉のうちにも鳴り響いている。「完全なものの観念および無限の観念が不完全なものの否定に還元されることはない。否定性には超越を受け容れる度量がないのだ」(TI, 31/四四)。しかしながら、ここでの問題は単に、「正しい」観点からすると、有限を根拠にして無限を考えることは不可能だということ(さらに言うなら内在的なものを基にして超越的なものを考えることは不可能だということ)ではない。また、有限の概念が無限の概念に論理的に依存しているという点だけが問題なのでもない(ちなみに数学の基礎づけにおける有限主義者と無限主義者の根本的な意見の相違はこの点にある)。要点は、有限の思惟は無限の思惟を前提とするがゆえに、われわれが有限をそれ自体において考えることができないということである（たとえば、有限数の定義は既に有限数の無限な集合全体の定義を必然的に含んでいる）。そうしたものが有限の本性なのである。したがって、コイレにとって「存在論的証明」の主要な成果とは、それが無限そのものに対してではなく、有限に対してもたらした帰結にある。より正確に言えば、ある有限な実体が無限な存在者について持つ思惟が、この有限な実体にもたらす帰結にあるのである。これを「存在論的証明」の人間学的な側面と呼ぶこともできるかもしれない。時は一九二〇年代ならぬ一九五〇年代、コイレは晩年の著作にこう書き記した。

> 無限という観念はデカルト哲学で重要な役割を演じている。デカルト哲学の全体がこの観念に基づくとすら言える。神は絶対的に無限な存在としてしか考えられないし、そのかぎりでしか神の存在も証明されない。この観念を持つという事実によってしか人間の真の本性——神の観念を与えられた有限な存在という本性——も規定されない[27]。

人間とは無限についての思惟を与えられた有限な存在であり、無限から出発することによってのみ自分自身を把握することのできる有限な実体であるという考えは、しばしばコイレが表明していたものである。コイレはデカルト哲学を要約して、「デカルトという天才の超人的な努力」の主要な到達点の一つは、自己意識を無限に超え出る実体とこの自己意識が取り結ぶ関係だと述べている。

デカルトの形而上学についてはもう言うべきことはあまりない。デカルトによる神の存在証明はアリストテレスとトマス・アクィナスの証明に連なっていった。しかしながらデカルトの偉大なる発見、すなわち無限なるものの知的優位の発見は真であり続けている。思考が無限を含み包み込んでいるというのは真であり続けており、有限な思考——あらゆる有限な思考——が無限の観念から出発することによってのみ、自らを把握し自らを理解しうるということも真であり続けている。[28]

レヴィナスにおいても、同様に〈無限〉の観念の「人間学的な」読解が見られる。たとえば「神学ないし超越者の知解可能性として理解された人間の人間性」[29]という具合である。〈無限〉の観念が注目に値するのは、それを通じて神についての知がわれわれに与えられるからではない——神はわれわれの言説の主題になりえないがゆえに、そのような知は哲学に属することはありえない。ジャン＝リュック・マリオンなら、主題化されることで神は「概念的偶像」へと還元されてしまうと言うかもしれない。〈無限〉の観念が注目に値するのは、何よりもまず〈私〉を〈他者〉への責任へと呼び覚ますからであり、ただこの責任だけが私を主体として構成するからなのである。[30]

「神学的」に理解されていた「存在論的証明」がどのようにして「人間学的」に解釈されるようになっていったのかを考えるなら、コイレとレヴィナスの類似はよりいっそう明らかとなるだろう。コイレによれば、「無限の観念を通じた神の存在証明」の斬新さは、この証明の中心的な要素が神そのものの観念にあるのではなく、

［…］私のうちに生み出された神の観念、あるいはこの観念を保持しているものとしての私自身、よりいっそう正確に言うならば、私が神の観念を所有しているという事実[31]

にあるのである。

コイレはこの観念の背後にある直観、神の本質に到達しようと望む直観を考えようとしているのではない。さらに言うなら、コイレによれば、このような神の観念の考察はアンセルムスによる間接的で純粋に論理的な証明とは距離をとってなされている。[32] 重要なことはただ一つ、われわれの意識においてこの観念が表象されている（あるいは志向されている）その方法、すなわちこの観念の場合にはとりわけ、表象されているものから表象を引き離すことなのである。

あらゆる有限を無限から隔てる無限な隔たり、無限な差異をこれほどまでに理解した者はいなかった。[33]

もちろん、「有限と無限の隔たり」が無限であってみれば、両者は橋を架けることのできない深淵によって隔てられている。[34] この深淵を踏み越えようとするデカルトの論証の真の意義が際立ってくるのはここにおいてである。レヴィナスにとってもまた、「第三省察」の最も重要な点は、無限の観念とその観念によって観念サレタモノ（*ideatum*）とが合致しないことにある。ただし、ここでレヴィナスは数学的無限ではなく無限に超越的なもの、すなわち絶対的に他なるものに関心を抱いている。

〈無限〉にあっては、観念サレタモノと観念とを分離する隔たりが、ほかならぬ観念サレタモノの内容と化す。（TI, 41／五六、強調はレヴィナス）

力点は観念そのものの考察から、この観念を考察する〈私〉へと、すなわち無限そのものから、無限を考察する意識を無限が超越するその方法へと移っている。われわれの思考という行為に対して超越は合致しないのだと留意し続けることが超越を思考するために不可欠な条件となる。すなわち、真理の問題は合致しないものについての問いとなるのである。

3 分岐点

レヴィナスにとってもコイレにとっても無限の哲学的認識は有限の認識に先行し、これを支えるものである。[35]しかし、コイレの哲学的な探求が数学や物理学においてと同様、人類の思想史や神学に見られる無限の観念の生成を集中的に論じているのに対して、レヴィナスが特に関心を寄せているのは、アブラハム、イサク、ヤコブの神か、哲学者と科学者の神かという周知の対立に代わる道の探究である。[36]コイレの思想を発展させ、さらにそれを超えて進みながら、レヴィナスは神と他者それぞれの無限なる他者性への関係を「意味の絡み合い[37]」とみなす。レヴィナスは主体を無限なるものの無限性の「証人」とみなし、この無限性について証言することを意味の源泉だと考えるのである。

もちろん、ここでレヴィナスとコイレの類似は終わる。コイレにとっての無限性は、主として数学的無限ないし無限世界の無限であり、この無限には倫理的な含意は一切ない。これに対し、レヴィナスが求めているのは遥かに野心的なことである。すなわち、ただ無限に基づいて有限を思考するだけでなく、超越的なものに基づいて内在的なものを思考するということである。より正確に言えば、人間にとって超越的な世界を基に人間について思考するだけでなく、つまり人間が自らのうちに持っている世界についてのイメージから出発するだけでなく、神や他の人間存在の他者性を基にして〈私〉について思考することである。この他者性とは所与とはならないものである（この点で世界とは異なる。世界もまた私に対して超越的ではあるが、それでもなお何らかの仕方で所与となる）。まさにここで決定的なものとなってくるのが、無限の観念が、一方で神の観念あるいは「存在の彼方の善良さ」、他方で〈他者〉の顔という具合に二重になっているという点である。後者については次のように言われている。

> 私のうちなる〈他者〉の観念をはみ出しつつ〈他者〉が現前する仕方、この仕方をわれわれはここで顔と呼称する。（TI, 43／五九、強調はレヴィナス）

お互いに還元することのできない二つの異なった次元があるわけである。神ないし〈善良さ〉は意味の構造を確立し、この構造によって私は〈他者〉へと拘束されるのである。

> このことはただ、〈欲望されるもの〉が欲望されざるもの、きわだって望ましからぬもの、すなわち他者へと私を差し向けるときにはじめて可能となる。[38]

他方、神に対する私の関係は〈他者〉を通してのみ可能である。神を無媒介に直観するということはない。神への私の関係は〈他者〉に関わる私の様々な行動である。だがもし〈他者〉に対する私の関係を基礎づけるまさにその際に神があるとするなら、なぜレヴィナスはこの文脈において、言ってみれば新たなる形而上学ではなく、倫理について語るのであろうか。もちろん、まさしく倫理は全き〈他者〉と関係するための方法であり、神への関係を明らかにしていく方法である。言い換えれば、このような観点からすると、倫理とは一つの宗教的実践(*praxis*)であり、哲学は〈他者〉への関係を考察するときに真の神学となるのである。神についてのわれわれの知、神へのわれわれの関係は〈他者〉への倫理的関係として出来する。神それ自体についての哲学的言説はありえないが、倫理はすべて神の超越の還元しえない痕跡として読まれるべきであろう。より正確には、神の超越によって触発されるわれわれの存在すべての痕跡として読まれるべきであろう。(39) 以上からわれわれは倫理を〈他者〉への関係のみならず、神について思考する方法とみなすに至ったのである。

この文脈において、レヴィナス哲学のいわゆる「神学的前提」は認められるべきであろうか。またもしそうだとすれば、どのような意味においてだろうか。レヴィナスの言う倫理は神についての言説、あるいはむしろ神へ向けた言説を伴っている。しかしレヴィナスにとって哲学は、宗教的信条に基づいた〈神的なもの〉の主題化とは決して両立しえないものである。

私の注解のなかに「神」という語はほとんど出てきません。「神」という語は宗教的にはこの上なく明確な観念です。しかし、哲学的にはこれほど曖昧な観念はありません。この観念は、タルムードのテクストが描き出す人間性をめぐる倫理的状況を出発点にして、哲学者たちにとっても理解しうるものになりうるのでしょう。むろんこれとは逆の筋道は、教化的でありかつ篤信の行いであるわけですが、このような筋道はもはやまったく哲学的なものではないでしょう。神智学は哲学の否定そのものだからです。「神的なるもの」

とは何かを探究する困難な旅程を描いたテクストを理解するためには、神の「心理」とか神の「行動様式」とかを知悉していると僭称することから出発してはいけません。というのも「神的なるもの」は（こう言ってよければ）人間たちの歩みが交差する十字路に、その歩みそのものが神を呼び求め、神を告げ知らせる十字路においてしか明かされることがないからなのです。[40]

同時にレヴィナス哲学は、「神」という語が、それがたとえ神の痕跡であったり否定であったりするにせよ、言語のうちに現れているという単純な事実から出発している。アンセルムスに遡る思想の伝統が示しているように、聖書に登場する愚か者の「神などない」という言葉でさえ、神についての哲学的に意味のある言説の第一歩となりうるのである。神が言語のうちに到来するやいなや、神は精神のうちに到来する。それゆえ、いわゆる「神学的前提」は神それ自体についての議論を一切含んでいないのだから、厳密に言えば神学的なものではない。レヴィナスにとって出発点は言語における神という語の意味であって、これに対抗するものがあるとしたら黙って省略するか笑い飛ばすことくらいであろう。始めようと思えばどこでも、たとえばアンセルムスの表現を使うなら、それより偉大なものが考えられえないもの（*majus cogitari nequit*）といった神についての明白な記述から始めることさえできるだろうし、その場合には神は「考えられうるよりも偉大な」あるもの（[*quiddam*] *majus quam cogitari possit*）として考えられるようになるだろう。[41] あるいはレヴィナスが述べているように、

> 真理に即して思考するより以上に、いや、それよりも善く思考する思考。このような思考はまた、〈無限〉を思考しつつも、この〈無限〉に賛嘆の念をもって応えるものでもある。[42]

一旦ここまで来たなら、純粋に理論的な思考、知という観点からみた思考を縁取る境界は崩壊する。われわれは理論と実践の二者択一を超えて、倫理という領域、すなわち第一哲学のなかにいるのである。

（柿並　良佑　訳）

＊本論考の予稿は以下に発表された。*Russia and the phenomenological tradition*. Proceedings of the international conference in St. Petersburg, School of religion and philosophy, 2005, pp. 211-216. コメントをいただき、議論の相手となってくださったアレクセイ・チェルニアコフ教授（サンクトペテルブルク宗教・哲学研究所）、ダリア・ドロズドワ（ローマ・グレゴリアナ教皇大学）、ジョージ・パティソン教授（オクスフォード）に感謝する。また本論考は以下の助成金を受けたものである。No. 09-05 of the Center for Research in Jewish Studies (Moscow).

注

（1）Stephan Strasser, *The idea of dialogal phenomenology*, Pittsburgh, Duquesne University Press / Louvain, Editions E. Nauwelaerts, 1969, p. 66.

（2）Rudolf Bernet, *La vie du sujet. Recherches sur l'interprétation de Husserl dans la phénoménologie*, Paris, PUF, 1994, p. 42.〔［　］内は訳者がベルネの原文から補った〕

（3）特に以下の箇所を参照。Martin Heidegger, *Die Grundprobleme der Phänomenologie*, Gesamtausgabe, Frankfurt am Main, Vittorio Klostermann, Bd. 24, 1975, pp. 230, 379, 425.〔『現象学の根本問題』平田裕之・迫田健一訳、作品社、二〇一〇年、二六七、四三三、四八〇頁〕

（4）R. Bernet, *La vie du sujet, op. cit.*, pp. 59-64.

（5）Emmanuel Levinas, *De Dieu qui vient a l'idée* [1982], Paris, Vrin, 1986, p. 32.〔『観念に到来する神について』内田樹訳、国文社、

一九九七年、三六頁〕

(6)(訳注) E. Levinas, *Théorie de l'intuition dans la phénoménologie de Husserl* [1930], Paris, Vrin, 1963, p. 69.〔『フッサール現象学の直観理論』佐藤真理人・桑野耕三訳、法政大学出版局、一九九一年、六三頁〕

(7) E. Lévinas, *Transcendance et intelligibilité*, Genève, Labor et Fides, 1984, p. 22.〔『超越と知解可能性』中山元訳、彩流社、一九九六年、二九頁〕

(8)(訳注) Alexandre Koyré, *Essai sur l'idée de Dieu et les preuves de son existence chez Descartes*, Paris, Editions Ernest Leroux, 1922 ; *L'idée de Dieu dans la philosophie de St. Anselme*, Paris, Editions Ernest Leroux, 1923 [réed., Paris, Vrin, 1984].

(9)(訳注) M. Heidegger, « Qu'est-ce que la métaphysique ? », tr. fr. par M. Corbin-Petithenry, in *Bifur*, juin, 1931.

(10)(訳注) M. Heidegger, « De la nature de la cause », tr. fr. Par A. Bessey, in *Recherches philosophiques*, 1931-1932, pp. 83-124.

(11)(訳注) E. Levinas, « Martin Heidegger et l'ontologie », in *Revue philosophique de la France et de l'étranger*, 1932, mai-juin, p. 395.

(12) Descartes, *A discourse on method*, tr. by J. Veitch, London, 1953, p. 104.〔『省察』山田弘明訳、ちくま学芸文庫、二〇〇六年、七三頁〕強調は引用者。

(13) Cf. *Confess.* VII, I, 10.〔アウグスティヌス『告白』上巻、服部英次郎訳、岩波文庫、一九七六年、二〇一頁参照。〕

(14)(訳注)「神を知らぬ者は心に言う「神などない」と」(「詩編」一四編一節、五三編二節)。

(15) コイレはこの表現にみられるアウグスティヌスの影響を指摘している〔*L'Idée de Dieu dans la philosophie de St. Anselme, op. cit.*, p. 172〕。「もし冒瀆を避けようと思うなら、神が至高の善であり、それより善いものがあったり考えられたりすることはありえない存在である、ということをわれわれは理解するか信じなければならない」(『カトリック教会の習俗とマニ教徒の習俗』一一、二四)。〔(訳注) アンセルムスの議論については以下を参照。「プロスロギオン」古田暁訳、『前期スコラ学』(上智大学中世思想研究所編訳・監修『中世思想原典集成』七) 平凡社、一九九六年。とくに以下の箇所。「それより偉大なものが考えられえないものが理解のうちにのみあることはありえない。なぜなら、もし少なくとも理解のうちにだけでもあるなら、それが実在としても存在すること (*esse et in re*) は考えられうるし、そのほうがより偉大であるからである。」(同書、一九〇頁)〕

(16) アンセルムスと偽ディオニュシオスの並行性への別のアプローチとして以下を参照。Paul Evdokimov, « L'aspect apophatique

de l'argument de Saint Anselme », *Spicilegium Beccense*, I, Paris, Vrin, 1959, pp. 233-258.

（17）こうしたコイレの考えはエティエンヌ・ジルソンがカール・バルトと論争した際に繰り返され（cf. Étienne Gilson, « Sens et nature de l'Argument de Saint Anselme », *Archives d'histoire doctrinale et littéraire du moyen âge*, IX, 1934, p. 29）、後にジャン＝リュック・マリオンの論文において展開された（Jean-Luc Marion, « L'argument relève-t-il de l'ontologie ? », *Archivio di Filosofia*, N°1-3 (58), Padova, 1990, pp. 43-70）〔以下に採録。*Questions cartésiennes*, tome I, Paris, PUF, 1991, pp. 221-258〕。

（18）Cf. E. Levinas, *De Dieu qui vient à l'idée*, *op. cit.*, p. 7; *Entre nous. Essais sur le penser-à-l'autre* [1991], Le Livre de poche, pp. 227-229.〔『観念に到来する神について』七頁。「われわれのうちなる無限の観念について」『われわれのあいだで』合田正人・谷口博史訳、法政大学出版局、一九九三年、三〇六－一一頁〕

（19）A. Koyré, *Études d'histoire de la pensée scientifique*, Paris, Gallimard, 1973, p. 11.

（20）A. Koyré, *Essai sur l'idée de Dieu et les preuves de son existence chez Descartes*, *op. cit.*, p. 1.

（21）*Ibid.*, p. X.

（22）「数学者デカルトの功績の最たるものは数の連続性を認めたことであるとわれわれは考えている。デカルトは離散数を直線および大きさと同一視することによって、有限数の領域に連続性と無限を導入した」（*ibid.*, p. 128）。連続性と無限の関係についてはコイレによるゼノンのパラドクス解釈をも参照のこと。（A. Koyré, *Études d'histoire de la pensée philosophique*, Paris, Gallimard, 1981, pp. 29-31）

（23）A. Koyré, *Essai sur l'idée de Dieu et les preuves de son existence chez Descartes*, *op. cit.*, p. 139.

（24）マルブランシュの文言を参照。「もし神のことを考えるのであれば、神が存在するのでなければならない」（*Entretiens sur la métaphysique et sur la religion*, ch. II, article 5）。〔『形而上学と宗教についての対話』井上龍介訳、晃洋書房、二〇〇五年、二一頁 ; cf. *De la recherche de la vérité*, Livre IV, Chapitre XI ; éd. par J.-Ch. Bardout, Paris, Vrin, 2006, p. 83.〕

（25）A. Koyré, *Essai sur l'idée de Dieu et les preuves de son existence chez Descartes*, *op. cit.*, p. 126.

（26）A. Koyré, *Études d'histoire de la pensée philosophique*, *op. cit.*, p. 26.

（27）A. Koyré, *From the closed world to the Infinite universe*, London, The John Hopkins Press, 1957, p. 106.〔『コスモスの崩壊　閉ざされた世界から無限の宇宙へ』（新装版）野沢協訳、白水社、一九九九年、一三四頁〕強調は引用者。

（28）A. Koyré, *Introduction à la lecture de Platon*, suivi de *Entretiens sur Descartes*, Paris, Gallimard, 1962, p. 227.

（29）E. Levinas, *Transcendance et intelligibilité*, *op. cit.*, pp. 29, 62.〔『超越と知解可能性』前掲、三二、八六頁〕

（30）Cf. E. Levinas, *De Dieu qui vient à l'idée*, *op. cit.*, p. 109.〔『観念に到来する神について』前掲、一三一頁〕

（31）A. Koyré, *Essai sur l'idée de Dieu et les preuves de son existence chez Descartes*, *op. cit.*, p. 149.

（32）Cf. A. Koyré, *L'Idée de Dieu dans la philosophie de St. Anselme*, *op. cit.*, pp. 201-202.

（33）A. Koyré, *Essai sur l'idée de Dieu et les preuves de son existence chez Descartes*, *op. cit.*, p. 126.「無限に隔たった存在との関係」（TI, 39／五四）を参照せよ。

（34）A. Koyré, *Essai sur l'idée de Dieu et les preuves de son existence chez Descartes*, *op. cit.*, p. 129.

（35）Cf. E. Levinas, *De Dieu qui vient a l'idée*, *op. cit.*, p. 106.〔『観念に到来する神について』前掲、一二七頁〕

（36）*Ibid.*, p. 97.〔『観念に到来する神について』前掲、一一七頁〕

（37）*Ibid.*, p. 110.〔『観念に到来する神について』前掲、一三一頁〕

（38）*Ibid.*, p. 113.〔『観念に到来する神について』前掲、一三五頁〕

（39）Cf. *Ibid.*, pp. 112-115.〔『観念に到来する神について』前掲、一三三－一三七頁〕

（40）E. Levinas, *Quatre lectures talmudiques*, Paris, Minuit, 1968, pp. 70-71.〔『タルムード四講話』内田樹訳、国文社、一九八七年、八〇－八一頁〕

（41）『プロスロギオン』第一五章〔前掲、二〇五頁〕。

（42）E. Levinas, *Entre nous. Essais sur le penser-à-l'autre*, *op. cit.*, p. 234.〔「『全体性と無限』ドイツ語訳への序文」『われわれのあいだで』前掲、三一七頁〕強調はレヴィナス。

「スピノザ主義の対極にて」？

合田　正人

1　スピノザ事件

イスラエル初代首相ダヴィッド・ベン＝グリオンは新生国家をイデオロギー的に根拠づけるために、一九五〇—六〇年代にいくつかの措置を取った。彼はまず、近代シオニズムの定礎的書物『ローマとエルサレム』（一八六二年）の著者、モーゼス・ヘスの遺灰の一部をケルンからエルサレムに移送させた。次いで彼は、ネゲヴ山で採掘された花崗岩に「汝の民から」と刻んで、それをスピノザの墓碑としてハーグに送った。第三に、彼は一九六一年にアイヒマン裁判をエルサレムで開いた。スピノザに関しては、ベン＝グリオンは、スピノザ破門から三〇〇年を前に世界的規模のスピノザ復権のキャンペーンを展開した。例えばスピノザ主義者であったアインシュタインはスピノザの破門破棄に賛成した。

逆に、エマニュエル・レヴィナスやレオン・ポリアコフのようなユダヤ人思想家たちは反対の立場を採った。レヴィナスもポリアコフも、スピノザが犯した赦し得ない罪を糾弾した。ポリアコフはヤーコプ・ゴルディンの論文を復刻し、レヴィナスはその「スピノザ訴訟」という題名を借用して復権反対の論文を書いた。そこには「スピノザの裏切り」という表現が用いられているのだが、同じく『全体性と無限』第一部末尾にも、「思考と自由は分離と〈他者〉への顧慮からわれわれに訪れる――この主張はスピノザ主義の対極に位置している」(TI, 108／一四七)と明言されている。

レヴィナスはここで「スピノザ主義の対極に」(aux antipodes du spinozisme)と言っている。この表現は、若きジャンケレヴィッチに宛てたベルクソンの書簡のことを思い起こさせる。「『エチカ』を読み直すたびに私は少々我が家にいるように感じ、そのことにいつも驚きを覚える。私の主張の大部分はスピノザ主義の反対に(à l'opposition du spinozisme)あるように思える(そして実際にそうである)からです」。もちろん、レヴィナスがベルクソンと同様、「少々我が家にいるように」感じたかどうかは分からないが。

一九六一年以降、レヴィナスは *conatus essendi, fruitio essendi* といったキーワードを援用し始めた。これらはスピノザの『エチカ』や『書簡』の言葉を意識的に合成したものである。*Conatus* については、例えば『エチカ』第四部定理二二の証明に、「自己保存の努力は徳の唯一で第一の基礎である」とある。*Essendi* に関しては、『エチカ』第一部定理二四の証明に、「あるいは(スコラ学派の用語を使えば)神は物の在ることの原因でもある」とある。*Fruitio essendi* はどうかというと、ロデウェイク・マイエル宛の書簡一二のうちにこの表現が見出される。レヴィナスがスピノザを意識して *conatus essendi* の揺るぎない「自然性」を問いただそうとしたのは明らかだが、*conatus essendi* という表現それ自体はスピノザのものではない。*fruitio essendi* というスピノザ自身の表現を援用する際にも、スピノザという名をレヴィナスは記していない。また、『全体性と無限』を読むと、「ヘーゲルまたはスピノザ」「ヘーゲル主義的またはスピノザ主義的」という言い回しが散見される。しかし、ピエール・マシュレの書物の題名『ヘーゲルかスピノザか』が示すように、この併置は決して自明のものではない。更に、レヴィナスの師のひとりであるレオン・ブランシュヴィックが、「スピノザ主義はスピノザではない」（Le spinozisme n'est pas Spinoza）として、「汎神論」「自然主義」「合理主義」「観念論」など、スピノザに貼付されてきた様々な符牒を斥けていることも忘れてはならないだろう。

ブランシュヴィック以外にも、レヴィナスの周囲には、スピノザに強い関心を抱く数多の哲学者、研究者たちがいた。ヴィクトール・デルヴォス、アレクサンドル・コイレ、アレクサンドル・コジェーヴ、ジャン・ラクロワ、フェルディナン・アルキエなどである。僅か一度だけではあるが、レヴィナスはジュール・ラニョーとアランにも言及している。「諸対象のすでに構成された世界に係る判断の活動を、ラニョーやアランのような人物は、論理的なものの超越論的なものへの外挿によって起源に据えている。この立場をフッサールに帰すことは難しい」[1]。レヴィナスが、アランによって編纂されたラニョーの『エクリ』もしくはアラン自身の『ラニョーの思い出』を読んだことは少なくとも間違いない。いずれもラニョーならびにアランのスピノザへの傾倒を強く印象づける書物である。

レヴィナスの「スピノザ主義」への対立には異論の余地はない。けれども、こうした様々な要素を勘案するとき、レヴィナスは「スピノザ主義」ということで何を言わんとしたのか、レヴィナスはどのようにスピノザ自身の著作を読んだのか、そしてそこに、上記の人物たちのスピノザ解釈がどのように作用したのか、を改めて考えることは決して無意味ではないだろう。以下はこれらの問いに対する私の暫定的な回答の一部である。なお、解釈学、釈義の次元でのレヴィナスとスピノザの関係については、「レヴィナスと解釈学論争」（京都ユダヤ思想学会紀要レヴィナス特集号にその報告が掲載される予定である）など、すでに幾つかの発表を行ってきたので、今回は割愛する。もうひとつ、デリダとの対談でジャン＝リュック・ナンシーが語っている、ハイデガーにおける「スピノザの締め出し」について付言しておくと、レヴィナスのスピノザ批判はそれが「存在論」批判である限りハイデガー批判と重なり合う部分を有しており、その一方で、「スピノザの締め出し」はレヴィナスとハイデガーの共通部分でもある。この点についても、いずれ卑見を述べることにしたい。

2　前哨戦

レヴィナスが初めてスピノザの名を挙げたのは、『フッサール現象学における直観の理論』においてで、そこでは、「志向性」という観点から、「愛とは外部の原因を伴った喜びである」という『エチカ』第三部定理三〇備考の立場が批判されている。回顧的に見るなら、この些細な事実はかなり重要なものと映ってくる。というのも、ここでスピノザは外部性を語り、他方のレヴィナスは内在性を、より正確には「内在のなかの超越」を語っているからだ。

この第三課程博士論文の後、レヴィナスは、ウルフソンの『スピノザの哲学』の書評に加えて、「ヒトラー主義哲学についての若干の省察」「逃走について」「マイモニデスの現代性」などを発表している。仮説として述べておくと、これらの論考のなかにもスピノザは黙しつつきわめて微妙な仕方で隠れていたのではないだろうか。ヨーロッパ近代の精神は「身体に」、「その神秘的な声に不可避的に繋縛された」と、「ヒトラー主義哲学…」には書かれている。これはスピノザが、人間は「情念」を、「身体の触発・変状」を決して逃れることができず、われわれは身体の機能をまったく理解していないと言っていることに対応しているのではないだろうか。

身体に繋縛されていること――この断ち切りえない絆こそが逃走の欲望を惹き起こす。逃走がつねに自己からの逃走である限り、自己を保存しようとするコナトゥス〔努力〕の反対物とそれをみなすことができるだろう。もちろん、スピノザ主義者アランが繰り返し述べているように、自己から逃走することは必ずしも自己を創造することと対立してはいない。後で示すように、レヴィナスにおいてもおそらく事情は同じであったと考えられる。『エチカ』第二部の定理七は、ヘブライ人たちへの唯一の言及が見られる。「このことは二、三のヘブライ人たちもおぼろげにではあるが気づいていたらしい。なぜなら彼らは神と神の知性と神によって認識されたものとが同一であることを主張しているのだから」（第二部定理七）。ウルフソンのような碩学によると、これらのヘブライ人たちのひとりはモーゼス・マイモニデスであった。レヴィナスによると、マイモニデスは、世界の枠組みを乗り越えるというユダヤ人たちの――言うまでもなく不安な――能力を私たちに示しているのだが、それに抗してスピノザはすべての内在主義を唱えたのだった。スピノザは更に『神学政治論』のなかで、「ノアの裔」というユダヤ教の観念をめぐってマイモニデスを批判してもいる。

ところで、ウルフソンの書物への書評を読むと、スピノザにおける実体―属性―様態の三つ組みを、類―種―個のアリストテレス的論理学に還元しようとするウルフソンの解釈にレヴィナスが不満を覚えていたことが感じられる。ここで指摘しておくべきは、スピノザの実体を諸観念の自己変形的で匿名のシステムたらしめたレオン・ブランシュヴィックの解釈のほうを、レヴィナスがウルフソンのそれよりも好んでいることである。いずれにしても、レヴィナスは、この三つ組みに関するスピノザの独創性に関して、そう思われているより以上に意識的であった。『全体性と無限』に踏み入るに先立って、この点についてひとつ仮説を提起しておきたい。

3　消えた、再び見出されたヒュポスタシス

周知のように、『時間と他なるもの』や『実存から実存者へ』でレヴィナスは「ある」ならびに「ヒュポスタシス」の観念を提起したが、後者は私の考えではレヴィナスの思考の道程のなかで奇妙な運命を辿ることとなった。なぜなら、『全体性と無限』のなかでは、この観念はまったく援用されていないからだ。「ヒュポスタシス」は消えた、しかしながらそれは甦った。「彼性」、〈自己〉、「身代わり」といった観念と共に『存在するとは別の仕方で』のなかで、それもみずからの名を明かすことなく。ということは、「ヒュポスタシス」こそが、レヴィナスの思考の決して線形的ならざる展開を理解するための鍵を握っているということでもある。

「ヒュポスタシス」は「実体」〔下に置かれたもの〕を意味しているから、「ある」からの自己の誕生は、少なくとも構造的には、スピノザにおける様態‐実体の関係に対応していることになろう。「個物は神の属性の変状（アフェクティオ）、あるいは神の属性を一定の仕方で表現する様態（モドゥス）にほかならない」（第一部定理二五系）。自己‐自我の二元性が「ヒュポスタシス」から帰結する以上、「ある」はスピノザのいう神のように「あらゆるものの内在的原因であって超越的原因ではない」（第一部定理一八）ことになる。原因という言葉を使えるかどうかはともかく、「ある」は自我に内在する原因のごときものである。たとえ、ここにいう内在が単なる内在ではなく、内在のなかの超越、内奥の外部であるとしても。

たしかに『全体性と無限』でのレヴィナスは、「ある」と「無限」を峻別することで、「〈他人〉はあるの無意味なざわめきに終止符を打つ」（TI, 292／三八五）と明言している。そうであるとしても、実体による触発・変

状としてのスピノザ的様態とレヴィナス的ヒュポスタシスのあいだのみならず、ヒュポスタシスと無限の観念の逃げ去る横溢とのあいだにも同型性を見出すことができるだろう。「責任のこのような横溢が生じる宇宙のなかの一点の可能性、それがおそらく最後には自我を定義している」（TI, 274／三六四）、この『全体性と無限』の主要命題はスピノザ主義と無縁ではありえないだろう。

4　一と多

「スピノザは分離を消失させた」と、レヴィナスは『全体性と無限』で書いている。この「分離」（séparation）こそ「他」を超越的で絶対的に他なるもの、すなわち「他人」（Autrui）たらしめるのだから、スピノザの哲学はレヴィナスにとって「他人」なき「同」の哲学、超越なき内在の哲学であることになろう。

今要約した立場は、パルメニデスからスピノザとヘーゲルに至るまで肯定されてきた統一性・単一性の古来の特権に抵触する。この特権を想定すると、分離ならびに内面性は理解不能で非合理的なものとなるだろう。（TI, 105／一四二）

パルメニデス、スピノザ、ヘーゲルというこの三幅対は何に由来するのだろうか。そこをレヴィナスが参照したかどうかはもとより分からないけれども、私は、「パルメニデス、スピノザにとってと同様、ヘーゲルにとっても」という表現を私はコジェーヴの『ヘーゲル読解入門』のうちに見出した[2]。同書から二つの箇所を引用しておきたい。

すでに言ったように、スピノザの体系〔学説〕は不条理なものの絶対的な具現である（だから、スピノザの思想を、よく言われるように「実感」しようとするとき、ひとは集合論の形式論理を前にしたときと同じ眩暈の感情に囚われるのだ(3)）。

スピノザ（ならびにパルメニデスの）絶対〈知〉はひとつの閉じた円によって象徴されねばならない(4)。

スピノザは「実体」を絶対的に無限なものと定義した。絶対的に無限なものは否定的でも潜在的でもなく、肯定的で現勢的な無限である。絶対的に無限なものである限り、「実体」は全体性ではありえない。たとえそうだとしても、それは非全体化された全体性であり、無限な全体性である。それゆえ「実体」は全体性としては与えられない。そもそも、「実体」は与えられると同時に与えられることがなく、だからこそスピノザは「実体」を定義することから始めたのである。

コジェーヴが集合論に言及したとき、彼はカントールならびにカントールが発見した数々のパラドクスのことを考えていたのではないだろうか。この点でコジェーヴは問題の本質を把握していた。しかし、コジェーヴは絶対的に無限なものを「ひとつの閉じた円」として表象した。仮に「実体」を何かに譬えるとするなら、それにふさわしいのはむしろ、「中心が至る所にあり円周がどこにもないような球体」ではないだろうか。これについて詳述した書物のひとつが、アレクサンドル・コイレの『閉じた世界から開かれた宇宙へ』（英語版一九五七年、仏語版一九六二年）である。これは私の仮説にすぎないが、レヴィナスは、一方で「全体性と無限」という対をコイレと同様「閉鎖と開放」の対立として捉えつつ、その一方で、スピノザのいう「実体」をコジェーヴにならって「閉じた円」として捉えたのではないだろうか。

『全体性と無限』からの先の引用で、レヴィナスは、スピノザの体系では「内面性」と「心性」が理解不能なものになると述べていた。これはとりもなおさず、スピノザの体系には「様態」〔個体〕が存在しないという意味である。このような見地は、レヴィナスの創見では決してなく、スピノザをめぐる解釈の歴史のなかで繰り返し提出されてきたと言ってよい。そして、ラニョーはその代表者のひとりにほかならない。レヴィナスがラニョーを意識していたというのではない。また安易に影響関係を語るつもりもないが、参考のために、ラニョーの『エクリ』から三つの箇所を引用しておきたい。

スピノザにあっては、すべてはすべてのうちにある。それだけ切り離して真に捉えうるものは何もない。(5)

諸様態と実体を区別することで、スピノザは諸様態の発生をめぐる問いを抹消した。諸様態は、実体という不動の背景への想像的投影にすぎない。(6)

スピノザには心理学はない。あってもそれは単に生理学的なものだ。スピノザはすべてを外部において見ている。(7)

レヴィナスにとって、スピノザのいう「実体」は諸「様態」を、言い換えるなら「多数性」「多様性」を欠いている。それをレヴィナスは「〈一者〉の至福」(TI, 325／四二九)と表現し、そこに「汎神論の虚しさ」を看取している。ここで指摘しておくと、自由な人間は死を考えることが最も少ないと語ったスピノザ同様、レヴィナスも、「私自身の死」へのある種の無関心を語っているが、この点でもレヴィナスは、「スピノザ主義の伝統とは反対に、このような死の乗り越えは思考の普遍性のなかで生起するのではなく多元的関係のなかで生起する」(TI, 336-337／四四四)と、相違を強調している。

なぜスピノザのいう「実体」は唯一のものなのか。それは、すべてがすべてと関係しているからであり、何ものも自己原因ではないからである。そうだとするなら、たとえスピノザが「分離」を抹消したとしても、それは諸関係を抹消することではまったくない。にもかかわらず、レヴィナスはスピノザを、「多様性が〈一〉の堕落」でしかないような伝統の代表者とみなしている。仮に〈一〉からの流出の運動を認めるとしても、それは真の超越ではない。

〈存在〉と〈一〉の至福とを超えた〈善〉――それこそが、〈一〉の否定でも制限でも〈一者〉からの流出でもない創造の概念を厳密な仕方で告知している。(TI, 325／四二九―三〇)

では、レヴィナス自身にとって「多様性」とはどのようなものなのだろうか。この点に関してレヴィナスは、ベルクソンのいう「質的多様体」、ジャン・ヴァールの英米哲学の多元主義に着想を得ながら、「多元性は数的多様性ではない」(TI, 126／一六九)と主張している。「同と他」における「と」(et)――レヴィナスはそれをローゼンツヴァイクから継承した――それが多元性の原理である。とはいえ、多様性ないし多元性が真に数的ならざるものであるなら、〈他〉なき〈同〉もまた多様であると考えることはできないだろうか。「実体」を唯一のものとみなすスピノザの考えは、今述べたように、レヴィナスにおける多様体の理論と同様、実在的差異は数的差異ではないという差異の理論を前提としている。もしそう考えることができるなら、ひとつの実体しかないということは多様性、多様体の観念を決して否定しはしない。ここでもまた、レヴィナスはむしろスピノザ主義の側にいることになるのではないだろうか。

5　幸福と苦しみ

レヴィナスは「〈一者〉の至福」と言っていた。「至福」と訳した béatitude という語は、スピノザのいう *beatitude, laetita, felicitas* のフランス語訳として選ばれたように思われる。レヴィナスはまた bonheur, joie という語も用いているが、これおそらくは *gaudium* と同義であろう。そして、この bonheur（幸福）についての省察が『全体性と無限』第二部、第四部の中心に位置しているのである。レヴィナスというと、「苦しみ」、それも「無用の苦しみ」（souffrance inutile）の哲学者というイメージがあるかもしれないが、決してそうではないのだ。

ここでジャンケレヴィッチの『アンリ・ベルクソン』（第二版）の一節を引用することをお許しいただきたい。というのも、この一節は、「幸福」に関するレヴィナスと無縁ではありえないと私には思えるからだ。ジャンケレヴィッチはベルクソン的「歓喜」（Joie）を、「上機嫌、清廉潔白さ、良き消化であるようなライプニッツ的 *Gaudium*」としてではなく、「むしろ最高の完成への移行であるようなスピノザ的 *Laetitia*」として捉えている。

「いや、感情であり、悲しみを反対物とするような*Laetitia*というよりもむしろ、それ自体で存在して、快苦を超えたスピノザ主義的至福（béatitude）として」。(8)

「幸福」は「自存」であり「自存」は「生のエゴイズム」であるが、他方では、「幸福」は空気や水や肉や土のような他なるものに依存している。ひとことで言うなら、依存的自存であり、自存的依存である。言い換えるなら、私が依存している他なるものは「私の存在より大事である」（TI, 115／一五五）が、これらの他なるものは「つねに不可欠である」（TI, 113／一五三）わけではない。「幸福」のこの両義的な性質を描写しながらも、レヴィナスはやはり、「幸福」が「他なるものの〈同〉への変態」（*ibid.*）であることを強調している、そして、この「内向」（involution）は「情動・触発」（affection）の最たるものなのである。

レヴィナスのこのような挙措が目指しているのは、「幸福」を「エゴイズムの原理」に還元することで、「幸福」を「徳の報酬」ではなく「徳そのもの」とみなすスピノザの考えを斥けることであったと考えられる。そしてそれによって、「無用の苦しみ」ないし「忍従」を倫理的行いの原理として立てることであった。とはいえ、「幸福」についての彼の描写はもっと微妙な陰翳を伴っている、というよりも、そうでなければならなかった。なぜだろうか。まずは、たとえ「幸福」ないし「享楽」が「エゴイズムの原理」であるとしても、それはつねに「他なるもの」と係っていなければならないからだ。いかにして、この「他なるもの」どもを〈他人〉と区別するのか――これは、ラカンの「objet a」が証示しているように、レヴィナスに向けられるべき根本的問題のひとつである。言い換えるなら、レヴィナスは、しばしば彼自身が小文字で表示するautreの他性を還元して、デリダが指摘したように、*ipse*（自己）を*idem*（同）と同定しているのではないだろうか。

次に、私たちは「幸福」を控えることができるのみならず、「幸福のために端的に存在することを犠牲にする」(TI, 57／七九)こともできる。たとえこの犠牲が「～のために死ぬこと」(mourir pour…)ではないとしても――しかし、ここでもいかにしてこれら二つを区別するのか――、「幸福」は単なる存在論に属してはいないのである。

第三に、『全体性と無限』の末尾で再び「幸福」は出現する。今度は*felix culpa*〔幸福なる罪〕(TI, 316／四一九)として。このきわめて厄介な観念をなぜレヴィナスは援用したのか。

この点を十全に考えるためには、『困難な自由』に収められたタルムード読解を参照しなければならず、そこでは、自分以外にメシアたる者がありえないような「未来の世界」が描かれているのだが、「赦し」ないし「救済」の観念と連動したこの*felix culpa*が、『全体性と無限』でも、「終末論的なもの」、時間そのものの無限化に係るものであることは少なくとも間違いない。もしそうなら、「幸福」を「徳」そのものとみなすスピノザの考えは、『全体性と無限』におけるレヴィナスの思想とまったく無縁であるとは決して言えないだろう。

6　コナトゥスの戦場

『全体性と無限』では*conatus*という語は使われていない。とはいえ、「幸福」――享楽、感受性、情動性〈触発性〉――が個体化原理として機能し、「〈自我〉の自己性」を構成していることに変りはない。個体化原理についてレヴィナスはこう書いている。「〈自我〉はその数々の変容においてまでも同一的である。〈自我〉はこれらの変容を表象し思考するのだ」(TI, 25／三五)。ということは、「享楽」と「表象」は、構造的に対立しながらも、〈自我〉の同一性ないしその分離を完成させるために協同していることになる。

「分離」は空虚ないし合間を伴っており、「融即」（participation）は空虚ないし合間を埋めてしまう。「と」「高さ」「非対称性」「歪み」「不可逆性」などの語は、この分離を表現するために援用されたもので、少なくとも『全体性と無限』のほとんどの部分では、分離−融即、すなわち超越−内在の二者択一が支配的である。私は今、ほとんどの部分で、と言った、なぜだろうか。それはレヴィナスが、「愛」を語りながら、それを、「内在と超越の限界に位置する出来事の曖昧さ」（TI, 285／三七五−七六）として定義しているからだ。接触としての愛撫でさえ、隔時的隔たりを伴っていて、そのおかげで、可能事の彼方で子供が産出されることになる。

「愛」の問題がここで「限界」（limite）の問題を惹起しているのは興味深い。この点に関してレヴィナスはどのように考えていたのだろうか。この問いは、レヴィナス哲学の鍵を握るすべての出来事——対面や傷つき易さなど——が何らかの仕方で界面（interface）に係るだけによりいっそう重要なものとなる。コナトゥスについても同様である。スピノザが「おのおのの物は自己の及ぶ限りで自己の存在に固執する」（第三部定理六）と記している限りで。

「愛」についての記述を別として——もっとも例外が例外でないのはもちろんだが——、レヴィナスは「制限」（limitation）ということを、「分離」を否定するものとして捉えてこう言っている。

〈同〉を制限することなき他性を有した〈他〉。なぜなら、〈同〉を制限することで、〈他〉は厳密な意味では〈他〉ではなくなるからだ。境界（frontière）の共有によって、〈他〉は、システムの内部にあって、なおも〈同〉であるのだ。（TI, 28-29／三九）

言語は実際、この連関のなかで諸項が境を接する（limitrophe）ことのないように連関を成就する。〈同〉と関係しつつも、〈他〉は〈同〉にとって超越的であり続けるのだ。（TI, 28／四〇）

しかし一体「境界の共有」とは何だろうか。「境界」とは何だろうか。コナトゥスの何たるかを理解するためには、まさにこの「境を接する」を、ラカンなら「沿岸地帯」（littoral）と呼ぶものにこそ省察を加えなければならないのではないだろうか。スピノザにおけるコナトゥスの観念それ自体、私たちにそうすることを要請している。

情念に対する最善の薬として générosité〔高邁〕というフランス語を援用したのは、『情念論』でのデカルトであった。デカルトは「高邁」を、高慢に陥ることも卑下に陥ることもなく「正当な範囲で最大限に自己を尊重すること」と定義した。この意味では、「高邁」は必ずしも「贈与」と連動しているわけではない。私の考えでは、スピノザはこのような考えをデカルトから継承した。『エチカ』第三部の定理五九の備考は、コナトゥスが、エゴイズムの単なる原理であるどころか、自我と他人の界面の接合に係ることを私たちに示しているのではないだろうか。

勇気（*animositas*）とは各人がもっぱら理性の指示に従って自己の存在を維持しようと努める欲望であると私は解する。これに対して高邁（*generositas*）とは各人がもっぱら理性の指示に従って他の人間を援助しかつこれと交わりを結ぼうと努める欲望であると解する。

「友愛」(amitié) の試練ないしその実験としてのコナトゥス。それだけではない。コナトゥスがつねに外部の力によって無際限に凌駕されうる限り、コナトゥスとは「傷つき易さ」(vulnérabilité)、「いかなる受動性よりも受動的な受動性」以外の何物でもないだろう。それに、スピノザにおけるコナトゥスはつねに複数形で多様であった。なぜなら、例えば「人間の身体は、本性を異にするきわめて多くの個体——そのおのおのがまたきわめて複雑な組織の——から組織されている」(第二部定理一三要請) からだ。

どんな個体も極度に複雑な複合体であり、それゆえ、ニーチェであればそう言うように、個体は複数のコナトゥスの戦場以外のものではない。自己システムの境界に存する〈他人〉とは他なるものたち。ここで思い出されるのは、ブランショが、レヴィナスのいう「彼」(il) は複数語尾の s では表現できない多様性を示していると言っていたことである。まさに数的ならざる多様性なのだが、では、「同と他」「同のなかの他」はこれらの他なるものたちに、それが要請している確率的倫理に対応し、それに応答しえるのだろうか。これは次なる私の省察の課題であろう。

最後に今後の省察の方位を示しておくなら、レヴィナスは『存在するとは別の仕方で』で、キティオンのゼノン、スピノザ、ヘーゲルをストア派的叡智のいわば変奏として捉えている。私は、ストア派へのこの言及は決して偶然ではないと考えている。「懐疑主義」(scepticisme) への度重なる言及も、「ピュロニズム」の伝統を踏まえた身振りであろう。また、同書での「アポファンシス」(述定命題) をめぐる考察は明らかに、不定法によって出来事を表現するストア派の論理学に依拠している。もっと言うなら、レヴィナスはストア派にいう「非物体的なもの」に着想を得て、「存在するとは別の仕方で」を語ったのではないだろうか。そして、「非物体的なもの」という「表層」は、私がこれまで考えてきたのとはちがって、レヴィナスがこの「表面」ないし「境界」の

複雑さをこそ語ろうとしていたことを告げているのではないだろうか。(9)

注

(1) Emmanuel Levinas, *En découvrant l'existence avec Husserl et Heidegger* [1949/1967], Paris, Vrin, 2001, p. 209.〔『実存の発見 フッサールとハイデッガーと共に』佐藤真理人ほか訳、法政大学出版局、一九九六年、二三八頁〕

(2) Alexandre Kojève, *Introduction à la lecture de Hegel* [1947], Paris, Gallimard, 1971, p. 331.

(3) *Ibid.*, pp. 351-352.

(4) *Ibid.*, pp. 352-353.

(5) Jules Lagneau, *Ecrits*, Editions du Sandre, 2006, p. 198.

(6) *Ibid.*, p. 161.

(7) *Ibid.*, pp. 160-162.

(8) Vladimir Jankélévitch, *Henri Bergson* [1931/1959], Paris, PUF, 1989, p. 249.

(9) 二〇一二年一二月六日、エコール・ノルマル・シュペリユールで開催されたレヴィナス・シンポジウムでの発表「翻訳者の使命」（« Tâche du traducteur »）ならびに、二〇一三年二月一二日に同じ場所で行ったセミナー「レヴィナスと幸福をめぐる諸問題」（« Questions relatives au bonheur chez Levinas »）で、この論点を展開する機会を得たことを付記しておく。二つの報告は、仏文で刊行される予定の論集に収録される予定である。

存在と真理

——存在だけしかないことがなぜ「悪い」のか——

小手川　正二郎

はじめに

「存在は悪である」。これは、しばしばレヴィナスに帰されるテーゼである。一方でそれは、スピノザのいう「存在しようとする努力」（*conatus essendi*）へのレヴィナスの批判と結びつけられ、レヴィナス独自の倫理の源泉をなす直観として称賛されてきた(1)。他方、このテーゼは独断的にも見えるので、しばしば「非哲学的」という烙印を押されてきた(2)。こうした事情は、このテーゼがレヴィナスの思想を理解するうえで重要な争点をなすということだけでなく、そもそもレヴィナスのテクストをどのように読むのか、読者に態度決定を迫るものだということを示している。「存在は悪である」という言明を証明不可能な非哲学的前提とみなすなら、この前提を共有しない多くの人々に対して門戸を閉ざすことになろう。しかし逆に、この主張を一つの哲学的テーゼとみなそうとするなら、サランスキが示しているような(3)、論理学や存在論に係わる様々な問題と向き合わざるをえないだろう。

本論が試みるのは、どのような文脈において「存在は悪である」という言明が哲学的に正当化されるのかを一つの角度から明らかにすることだ(4)。そのために、本論はこの言明をより穏当かつ正確な主張、すなわち「存在だけしかないことが悪い」という主張に置き換えて考察する。この主張こそ、レヴィナスが『全体性と無限』において、議論を拒む出発点としてではなく、何らかの仕方で証明されうる哲学的な帰結として提示しようとするものだと思われるからだ。

われわれはまず、「存在＝悪」という等式に孕まれる問題を瞥見し、レヴィナスが存在と悪を無条件には同一視していないことを示す（第一節）。その上で、「存在だけしかないことが悪い」という言明が、真理を存在から区別するという文脈において発せられていることに注目し、この言明が向けられているハイデガー『存在と時間』の真理概念を検討する（第二節）。レヴィナスが存在と真理を区別しようとするのは、存在と真理を不可分なものとする『存在と時間』の真理論に難点を見出しているからだと考えられる。次に『全体性と無限』で提起される三つの「分離」概念（享受・表象・対話）をハイデガーの真理論の三つの側面（存在可能性・世界内存在・共存在）への批判として解釈することで、レヴィナスがいかにして存在と真理の不可分性を問い直しているのかを明らかにする（第三節）。このようにして、最終的に「存在は悪である」という言明を一種の帰謬法による帰結として理解することを試みる（結び）。

1 「存在は悪である」

「存在は悪である」という定式は、すでに『時間と他者』（一九四八年）に見出される。「存在が悪であるのは、存在が有限であるからではなく、存在が限界をもたないからだ(5)。ここで「存在」(l'être)という語は、「存在するもの」と「存在すること」の二通りに解釈される余地がある。もしこの語が存在するものを意味しているなら、「存在は悪である」という言明は記述的な言明、すなわち世界に存在するものは何であれ、「悪」という属性を有しているという事態を記述する言明となる。当然ながら、レヴィナスが原罪を想起させるこのような言明を支持することはない。そもそも彼は、存在者から存在を明確に区別したうえで「存在」という語を用いている。では、この語が存在するという出来事を意味するなら、どうなるだろうか。そのとき、「存在は悪である」という言明は、「人を殺すことは悪い」と言うように、「存在すること」に「悪い」という価値判断を下す言明とみなされる。まさにこのような価値判断から出発して、レヴィナスは「存在からの脱出」を主張するに至ったのだと考えたくなるかもしれない。事実、『実存から実存者へ』(一九四七年)でレヴィナスは、次のような問いを提起している。「存在には、自らの限定づけや無以外の悪さがあるのではないか。存在は自らの肯定性そのもののうちに何らか根本的な悪を有しているのではないか(6)」。しかしながら、「存在=悪」という等式が全く無条件に受け入れられるなら、そこから引き出されるのは、自らの存在を蔑視する硬直的な利他主義か、救いようのないニヒリズムしかあるまい。レヴィナス哲学を一種の道徳的独断主義に結びつけようとするこうした解釈を支持することはできない。

「存在=悪」という等式の奇妙さに気づくためには、若きレヴィナスが同時代人の誰よりもよく理解していた(7)、ハイデガーによる存在と存在者の区別において問題となっていた事柄へ注意を向けねばならない。

存在者(例えば泥棒)や事態(ギリシャの経済状況)が悪いということはできる。しかし存在すること自体に悪をわりあてることはできない。なぜなら存在することは、いかなる点でも存在者を規定することがないからだ。

泥棒は、目の前に存在するしないにかかわらず、悪い。すでにカントが述べているように[8]、存在は事物の事象性（*realitas*）を構成することがない。存在者の性質に対する存在のこの中立性こそ、レヴィナスが初期の諸論考、とりわけ「逃走について」（一九三五年）で同時代の「フランス流存在論」[9]（ラヴェルや、暗黙にはマリタンの存在論）を批判する際に強調することである。なぜなら、フランス流存在論は、実存という概念を再評価しながら、存在と存在者の区別の理解が充分でないために、人格的存在を事物に比してより完全な存在とみなし、悪を存在の有限性や欠陥と同一視していたからだ[10]。「より完全であったりより完全でない定立のされかたなどがあろうか。存在するものは、存在する。存在するという事実は、すでに完全なのである[11]」。

存在は悪かったりよかったりすることがない。端的に存在することに関して、善悪を語ることはできないのだ[12]。存在の様態（例えば完全ないし不完全な様態）として善や悪を考える代わりに、存在とは異なる次元で善や悪について考えねばならない。だからこそ、レヴィナスは、『実存から実存者へ』の「前書き」で、善の次元への移行を存在からの「離脱としての超越」（ex-cendance）と呼び、それを至高の存在（者）への上昇という意味での「超越」（transcendance）から区別しようとしているのだ。

存在の彼方に善を位置づけるプラトンの定式は、極めて一般的かつ飾り気のない形で〔本書の〕主題群の指針を表している。この定式が示しているのは、実存者を善へと導く運動が、実存者をある高次の実存（existence supérieure）へと高めるような超越（transcendance）ではなく、存在を記述する諸範疇と存在からの脱出、すなわち〈離脱としての超越〉（*ex-cendance*）であるということだ[13]。

「離脱としての超越」とは、「存在の彼方」への運動、すなわち存在の次元から分離された善さという次元への移行を意味する。(14)

しかしすぐさまレヴィナスは、この離脱としての超越が、存在することと全く係わりをもたなくなることではないと付け加える。「〈離脱としての超越〉［…］は、必然的に存在に足場を置いている。だからこそ存在することは存在しないことよりもよりよいのである（être vaux mieux que ne pas être）」(15)。「存在の彼方」（「存在からの脱出」）は、存在しないことには帰着しない。存在することから出発してのみ、われわれは善さという価値の次元へと移行することができるからだ。この点で存在は、極めて肯定的に捉えられている。レヴィナスは決して、存在が無条件に悪であるなどと考えてはいない。存在することは、存在しないことよりも「よりよい」（mieux）と言われうる。けれどもそう言われるのは、存在することが自らの意味や価値（「よりよい」）を存在とは異なる次元から受け取る場合のみである。逆に、もし存在が価値をもちえないなら、レヴィナス固有の表現を用いて言えば、もしあらゆる事柄が〈ある〉（il y a）という一次元に回収されてしまうなら(16)、こうした事態は「悪い」。なぜならその場合、すべては「あるかないか」という二者択一に落とし込まれ、何があるべきかについて考えたり、「いかなる仕方で存在することが善いか」について語ることができなくなってしまうからだ。

それゆえ「存在は悪である」という定式は、より正確には「もし存在だけしかないなら悪い」と言い換えられる。しかしながら、ここではいかなる水準での悪が問題となり、いかにしてこの悪を克服することができるのだろうか。『全体性と無限』（一九六一年）においてレヴィナスは、体系的かつ正確な仕方で、こうした問いに答えようとしている。

〈無限〉の観念、つまり〈同〉と〈他〉の関係は、〔両者の〕分離を取り消すことがない。分離は超越のうちで証示される。実際、〈同〉が〈他〉と係わることができるのは、まったく安全なまま〈他〉に依存することによってではなく、真理の探究が孕む偶然と危険においてのみである。分離がなければ真理はなかったことになり、存在だけしかなかったことになろう。(TI, 54/七五)

この引用において、根本的な二者択一が提示されている。すなわち、存在しかないか、存在以外に真理があるかという二者択一である。存在と真理をこのように切り離すことは、明らかに、真理が存在と不可分であることを主張した『存在と時間』のハイデガーに対する反論となっている。それゆえ存在と真理の区別というレヴィナスの考えを吟味する前に、ハイデガーの真理概念に目を向けなければなるまい。

2　存在と真理――『存在と時間』の真理概念

『存在と時間』(一九二七年)第四四節で、ハイデガーは存在者と言表の関係を再考しつつ、〈発見されていること〉(*entdeckt-sein*)と〈発見しつつあること〉(*entdeckend-sein*)という二つの側面から真理を特徴づけている。

一方で、ある言表が真であるのは、(a)そこで語られているものが、言表において(b)あるがままの形で「発見されている」からだと言える。(a)言表において語られているものは、発話者の心的表象でも、発話者とは独立に存在する抽象的対象でもなく、発話者が係わる具体的な存在者である(SZ, 217)。ハイデガーは、〈言われたこと自体〉(*das Gesagte als solches*)から、〈話題とされているもの〉(*das Worüber*)を区別し、後者が言表において「発見される」と考える。例えば、「このハンマーは重い」という文〈言われたこと自体〉が特定の意味をもつのは、この文がある特定のハンマーについて発せられ、発話者とそのハンマー〈話題とされているもの〉が置かれている状況において特定の型の言表として（例えば、軽いハンマーを持ってこいという命令や、嘆息まじりの独り言として）理解される場合のみである。このように、言表において普遍的対象ないし命題が表現されるのではなく、具体的な存在者が何らかの形で発見されるとするなら、言表の真偽はこの存在者が「それ自体に即してあるがままの形で」（*so, wie es an ihm selbst ist*, SZ, 218）発見されるか否かにかかっていることになろう。（b）このとき存在者が「あるがままの形で」発見されることは、孤立した事物的存在者（*Vorhandenes*）の本質が明らかとなることではなく、他の存在者との指示連関のうちにある道具的存在者（*Zuhandenes*）がしかるべき場所に置き直される（「適所を得る」）こと[17]、つまりそれが〈何のため〉にあるかが特定の状況において明示化されることを意味する。

他方、言語活動を内世界的な存在者との関係のもとで捉え直すことで、ハイデガーは言表（*Aussage*）を世界のうちでの現存在の「振舞い」[18]、「存在者をそれが発見されている形で（*in seiner Entdecktheit*）言表し、提示し、〈見えるようにする〉（*sehen lassen*）」（SZ, 218）振舞いとみなす。この振舞いは、そもそも現存在が語られる存在者のもとにあり、それを何らかの仕方で見出していること、つまりこの存在者を〈発見しつつあること〉を前提としている。〈発見しつつあること〉とは、まったく知られていなかったものを見つけ出すことではなく、背景に退いていたものを自らの在り方との関連に位置づけ直し、明示化することである（例えば、細い釘を打つ工程に入った職人がより軽いハンマーに手を伸ばす場合）。言表に先立って存在者を特定の文脈のもとで〈発見しつつある〉というこのような現存在のあり方が、第一義的な意味で「真」と呼ばれる。

> 発見することは、世界内存在の一つの存在の仕方（*Seinsweise*）である。〔道具的存在者への〕目配りとしての配慮も〔理論的対象への〕静止して注視する配慮も内世界的な存在者を発見する。この存在者が発見されたものとなる。それが「真」であるのは、二次的な意味においてである。第一義的に「真」である、すなわち発見しつつある（*entdeckend*）のは、現存在である。（SZ, 220）

ハイデガーによれば、現存在が内世界的な存在者を〈発見しつつあること〉、さらにはそうした存在者が位置する世界に現存在が「開かれていること」（*Erschlossenheit*, SZ, 220）に真理の「最も根源的な現象」（SZ, 220-221）が見出される。存在者の〈発見されること〉を可能にする地盤が、〈発見しつつある〉現存在が世界に開かれているという形で確保される限りで、現存在はつねにすでに「真理のうちに」（*in der Wahrheit*, SZ, 221）あると言えるのだ。存在と真理の不可分性が主張されるのは、このような文脈においてである。「真理が存在するのは、現存在が存在する限りにおいてのみであり、かつその間だけである。存在と真理は等根源的に（*gleichursprünglich*）「存在する」」（SZ, 230、強調はハイデガー）。

このような真理論には、トゥーゲントハット以来、数多くの批判が寄せられてきた(19)。上述の論点に関してその批判を取り上げ直すなら、以下のようなものとなろう。確かに、ある存在者について真なることを語ることができるのは、この存在者を発見しつつある限りにおいてのみである。しかし存在者を露わにする〈発見しつつあること〉それ自体は、どうすれば当の存在者が「あるがままに」露わにされるのか、いかにしてこの存在者が扱われ特徴づけられるべきかということに関していかなる規定も与えない。つまり現存在による〈発見しつつあること〉が真理の一つの必要条件であることをハイデガーが看破したとしても、少なくとも『存在と時間』は、真理の規範性をハイデガーのいう「より根源的な」真理から条件づけることに成功していない。その結果、つねにすでに「真理のうちに」ある現存在がいかにして言表の次元で問われる真理の「正当化」に至るかについては、まったく不明瞭なままである。

一見すると、存在と真理の区別を説くレヴィナスの議論は、些か古典的となったこのようなハイデガー批判と軌を一にしているように見える。[20] しかしより注意深く見るなら、レヴィナスがハイデガーの真理概念の革新性を過小評価することなく、『存在と時間』の問題構成全体との対決を試みていることがわかる。[21] 実際、『全体性と無限』を貫く「自我の分離」の議論の眼目は、ハイデガーの真理論の要をなす（a）真理と存在可能性、（b）真理と世界内存在、（c）真理と共存在という三つの論点に、自我による（a）自己の存在からの分離（享受）、（b）世界からの分離（表象）、（c）他人からの分離（対話）を対置する点にある。[22]「存在の彼方」を目指すレヴィナスの議論を正確に理解しようとするなら、ハイデガーに〈他者〉がない等といった（レヴィナス自身は決して単純な形ではなすことがない）評定を下すよりも前に、『全体性と無限』で一貫して試みられるハイデガーとのこの対決の成否を問わなければならない。以下、ハイデガーの論点との対比で、レヴィナスの三つの分離概念がそれぞれ何を問題としているのかを明らかにする。[23]

3『全体性と無限』の三つの「分離」概念——自己の存在・世界・他人からの分離

(a) 享受——自己の存在からの分離

ハイデガーにおいて、〈発見しつつあること〉としての真理は、外的存在者が眼前にあることのたんなる確信を意味せず、現存在の存在可能性が自らに露わとなるという「実存論的意味」（SZ, 221）を有する。われわれが存在者（ハンマー）を発見しつつあるとき、この存在者はわれわれが（計画的にであれ、非計画的にであれ）なさんとしていること（釘を打つこと）のために適切なものとして浮かび上がる。逆に言えば、われわれはこの存在者を通じて、自らの存在可能性（釘を打つこと、机を作ること、快適に暮らすこと）を「企投」している、つまり存在可能性を見通すことにおいて存在している（cf. SZ, 145）。内世界的存在者との具体的係わりにおいて、自らの存在可能性を曇りなく見通すこと、自らの存在可能性に対するこうした「透視性」（*Durchsichtigkeit*, SZ, 146; cf. SZ, 144）をハイデガーは真理の本質的な契機とみなしている。[24]

真理が現存在の可能なあり方の一つにはとどまらず、「現存在の最も固有な仕方で存在する可能性」（SZ, 221）と主張されるのは、こうした真理観に由来する。ハイデガーによれば、現存在は、さしあたって自他の区別が曖昧なまま、誰もがそう振る舞うように振る舞う〈世人〉（*das Man*）として（SZ, § 27）、「手頃な規則と公共的規範」（SZ, 288）に則って存在者を扱っている。この「非本来的な」あり方は、存在の程度が低下ないし道徳的に劣化した状態ではなく、自らに固有な存在可能性に目を向けずに公共的世界に没入するという現存在の「最も身近なあり方」、現存在の本質的側面の一つをなす（SZ, 176）。それゆえ、各人に固有な存在可能性が示されることでなされる非本来的自己から本来的自己への移行は、存在の程度の上昇ではなく、あくまで自己のあり方の質的変化、別種の存在可能性への移行として理解される。そして、自らに固有な存在可能性を曇りなく見通すことが真理の本質的な契機とみなされる限りで、本来的自己への移行は最も固有な存在可能性が示される本来的な開示性であり、「最も根源的な真理の現象」、「実存の真理」と呼ばれる。[25] このようにしてハイデガーは、高次な存在者や存在段階に依拠することなく、真理を現存在のあり方のうちで理解している。

これに対してレヴィナスは、自己の日常的なあり方の基底に、道具的配慮に先立つ「享受」を見出し、享受する自我が他人と無差別的な世人ではなく、自らの存在可能性からある意味では「分離」したものであると主張する。[26] 享受とは、何か他の目的のためになすこと（机を作るためにハンマーを使う）ではなく、対象との係わりそれ自体を目的としてなすこと（ハンマーを使うことを楽しむ）である。享受する自我は道具の指示連関に依拠せず、ある存在者との関係のうちに自足している。「自我は享受によって分離されたものとして、つまり幸福な者として実存する。〔享受において〕自我は自らの純然たる存在を幸福のために犠牲にしうるのだ」（TI, 57／七九）。享受による自己の存在からの分離は、幸福ないし自己満足への自我の本質的な傾向性に由来する。人は、自己の存在や存在可能性への関心とは無関係に何かを享受することができるし、自らの存在にとって余計だったり、有害なものでさえ、味わい楽しむことができるからだ。[27] このような日常的な自我のあり方は、世界や世人への没入にではなく、「内面化」（intériorisation）に、すなわち自らの存在からは独立に「私」にとって価値あるものの享受に閉じこもることに見て取られる。「人が存在の主体となるのは、存在を引き受けることによってではなく、幸福を享受することによって、一つの高揚であり〈存在を越えていくこと〉でもある享受の内面化によってである。存在者は存在から「自立している」（autonome）のだ」（TI, 124／一六七）。自らの存在からのこの分離ないし「自立」が、日常的な自己のあり方（自己性（ipséité）、TI, 122／一六五）の基底をなすのだ。[28]

現存在の開示性と対立する享受のこの自閉性をレヴィナスが際立たせるのは、真理を現存在の存在可能性として考えることが結局のところ、自己に固有な存在可能性への移行として真理を捉えることで、日常的な自己のあり方の多様性を世界や世人への没入に縮減してしまうことになると考えたからだろう。レヴィナスに言わせれば、自己は日常的な次元においてすでに何らか各人に固有な人称性をもち、自己の多様なあり方（享受・労働・表象・

発話）に固有性の程度差を見出すことはできない。レヴィナスは、「分離ないし自己性が元々は享受において生じ」（TI, 54／七四）、真理が前提としているのは「存在にあらかじめ根づいてしまっていること」（TI, 54／七五）ではなく、この分離した自己性であると主張する。[29] 日常的な次元において他人と無差別的でない自我が何らか出現しているからこそ、自我は自らの過去を帳消しにしえない形で、自らの発言に責任を負う主体へと「変容」しうる（cf. TI, 123／一六六）。このようにレヴィナスは考えている。

（b）表象——世界からの分離

分離の第二の次元、すなわち世界からの分離を可能にするのは表象（représentation）である。『全体性と無限』第二部（「表象の自由と贈与」の節）でレヴィナスは、世界との直接的な係わりから身を引いているという点から表象を特徴づけている（TI, 184／二四八）。この特徴づけは、『存在と時間』における基体としての主体概念への批判および〈世界内存在〉という着想を看過しているように映るかもしれない。[30] けれどもここでレヴィナスが表象主体を、世界との係わり抜きで存続する基体とみなすことなく、享受の自己性を前提としながら、ある意味では世界から分離した主体として考察していることに注目しなければならない。

> 表象は〔享受を通じて生きられる生に〕条件づけられている。超越論的な次元における表象の見つもり（prétention）は、表象が構成したつもりでいる（prétendre）存在にすでに根づいている生によって絶えず裏切られてしまう。しかし、表象は事後的に（après coup）、現実におけるこの生に取って代わったつもりになり（prétendre）、この現実そのものを構成するのだ。（TI, 183／二四六、強調は引用者）

表象主体は世界を俯瞰して眺めることはできず、享受による生を事後的に振り返ることで、自らの条件をなす世界との係わりから自由になったつもりで世界を眺めているに過ぎない[31]。けれども、このような主体のあり方が、一人称的観点から「世界の一部を限定して閉ざす」(TI, 184／二四七)ことで、自らが直面している特定の場面を主題化することを可能にする。自我は客観的な観点から見れば外的・歴史的影響を被っているものの、少なくとも一人称的観点からは、「私」に見えているように世界が現れていると主張しうるからだ。それゆえ自我は、世界をたんに反映することなく、世界の有り様とは無関係に思惟しうる点で世界から「分離」していると言えるのだ。

もとよりハイデガーも、世界との直接的な係わりから身を引くという事態を、現存在が道具的存在者の損傷等を契機として、自らが馴染んできた世界に注意を向け直すよう促され、内世界的存在者の道具的性格および事物的性格を改めて理解することとして考察している[32]。〈発見すること〉としての真理が存在者の本質や新種の存在者を発見することではなく、現存在の存在可能性との係わりのなかで、自らが馴染んできた有意義性連関(存在者の「世界性」)がより明瞭になることと解される点に鑑みるなら、こうした事態はハイデガーのいう「真理」にとっても重要な契機とみなされよう[33]。

ただし見落とされてはならないのは、レヴィナスが表象の事後性を、表象主体の自由(な見つもり)そのものに遡ってその由来を問う可能性として肯定的に捉え、この遡及的性格に「理論」の固有性を見出していることだ。「理論的なものは、事後的であり、本質的に想起であるがゆえに、確かに創造的ではないが、その批判的本質、つまり手前への遡及は、享受や労働のいかなる可能性とも混同されない」(TI, 183／二四六)。理論の本質は、中立的な立場からの生や実践の抽象に存するのではなく[34]、自らの自由や自らが直面している状況の由来を問い直すことに存する。こうした洞察は、『全体性と無限』第一部において、自らの自由の由来を問い直す「批判」（critique）に哲学の本質が見出されていること[35]、そしてこの問い直しが主体の係わる世界の変容、いかようにも解釈されうる「現象」（phénomène）から真偽が問題となる「所与」（donné）への変容と重ねられていること（TI, 101／一三六）から考察される必要がある[36]。個々の主体に現れる「現象」は、錯覚や思い込みといった誤謬の可能性を孕んでいるが、それ自体では文脈も範囲も欠いているため、真とも偽とも判別しえない曖昧なものにとどまる。真偽が問題となるためには、この現象が何らか限定・主題化され、主体がそれについて主張をなす「所与」とならねばならない[37]。この変容を通じて、自らの自由をたんに信じ込んでいた自我は、自らが正当化されていないという事実に直面し、所与に対する自らの主張の正当性が問題となる場面へと引き出される。表象とは、世界の主題化を通じたこのような自我の自由の問い直しを可能にするものなのだ。

翻ってハイデガーにおいても、いやむしろハイデガーにおいてこそ、特定の状況への主体の関与が真理の成立に必要であることがこれ以上ないほど明確に示されていた。しかし、レヴィナスによれば、現象から所与への移行は、すでに馴染みの世界が明瞭になることには縮減しえない。というのも、際限なき現象が真偽の問われる所与となるためには、主体と世界の係わりとは異なる契機が必要であり、この契機との協働によってのみ表象は、現象の曖昧さを克服しうるからだ。この契機こそ、他人からの分離を孕む「対話」（discours）である。

（c）対話——他人からの分離

なぜ現象から所与への移行に、他人との対話が必要とされねばならないのか。レヴィナスによれば、他人の発話（parole）こそが、際限なき現象を他人から自我に向けて主題化された所与へと変え、この所与について理解し応答することを自我に要求する[38]。他人が私に「このハンマーは重い」という場合、この言明を私に対する警告と受け取るか、より軽いハンマーを取ってこいという命令と捉えるかは、私の理解に委ねられるが、その時私は他人によって方向づけられたこのハンマーについて理解し、その理解を（用心深くハンマーを扱うか、軽いハンマーを探しに行くかといった形で）表明することを強いられる。他人が私に特定の存在者を差し向けている限りで、私は傍観者的な立場から自由に解釈したり、解釈を保留することを許されず、他人が差し向けている存在者を自らの責任において理解し、他人に応答することを余儀なくされる（「応答することを余儀なくされる」というのは、たとえ私が判断を保留したとしてもこの保留そのものがどっちつかずの態度として他人に対する応答になってしまうということである）。このような他人との関係においてこそ、際限なき解釈の余地が消失し、特定の所与についての自我の主張の正当性が問題化されうる。レヴィナスが表象の由来を再三問いつつ（TI, 184／二四七–四八）、それを言語活動による他人との関係のうちに見出す（TI, 186-187／二四九–五一）のは、こうした分析に基づいてである。

レヴィナスは、自我の分離の徹底性を孤独のうちに閉じこもり、自らとは異なる他人がいることを忘れてしまう可能性に見出している[39]。言語活動（langage）は、この他人との分離を解消するものではなく、むしろそれを際立たせるものである。「分離した存在は満足し自立しているにもかかわらず、欲求における欠如にも、失われた幸福への追憶にも駆り立てられることがない探求でもって他なるものを探し求める。このような状況こそ言語活動をなすのだ」（TI, 56／七八）。対話は他人との分離を前提とするがゆえに、すでに知られていることのたんなる明示化にとどまらず、自我だけでは知りえなかったものを教わること（他人の発話）および他人に対して正当化されるべき自我の主張（自我の発話）となりうる[40]。

こうした議論は、「現存在は本質的に共存在（*Mitsein*）である」（SZ, 120）という『存在と時間』の「共存在」

論を明らかに念頭に置いたものである。すでに『全体性と無限』第一部でレヴィナスは、ハイデガーが対象の認識には縮減しえない他人との関係として共存在を問題化していることを評価しつつも、それを最終的には存在者が出現する地平をなす存在一般との関係に基づけてしまい、自我と他人の分離を考慮に入れていないと批判している（TI, 63／八七）。こうした批判は、「共存在」が個別的な他人を意味するのではなく、現存在の本質的な構造を意味する点を看過しているように見えるかもしれない。けれどもレヴィナスの批判の矛先は、共存在を土台としたハイデガーの「理解」（*Verstehen*）の見方に向けられている。

「現存在が本質的に共存在である」という主張は、私の理解が潜在的に他人たちと共有可能であるということを意味する。たとえ私が（存在的には）一人きりであっても、私は潜在的には（存在論的次元においては）、他の現存在と共に理解している。なぜなら、私の把握が完全に独断的でなく正当化可能な「理解」であるためには、他人と共有可能な理解内容を伴うのでなければならないからだ[41]。ハイデガーにおいて「理解」が、つねにすでに他人たちと共有されている理解可能性の明示化とみなされるのはこのためである。

レヴィナスによれば、このような理解は他人と共有可能な自我の理解地平を起点になされる「把捉としての理解」（compréhension）にとどまる。そこでは、自我がすでに何らか知っていたものをより明瞭にして捉え直すこと、他人を自我が知りうるもの（他人の国籍・性別・職業・あり方等）から（à partir de）理解することが問題となる（「彼はより細い釘を打とうとしているから、「このハンマーは重い」と言ったのだ」[42]）。これに対して、もし自我が自分だけでは知りえなかったものを他人から教わることがありうるなら、こうした「把捉」とは別種の「理解」（entendre）[43]、つまり自我と分離した〈他人〉（Autrui）の現前から他人の発話を「理解」すること[44]、他人による自我の理解の枠組みの問い直しから始まり、自我が慣れ親しんでいたのとは異なる仕方でなされる「理解」が可能でなければならない[45]。他人との分離とは、他人から新たなものを教わるというこのような「理解」について考えるために要請されたものなのだ[46]。

思惟の解釈は二人によってのみ生じうる。解釈は、すでに所有されていたものを見出すことにとどまるのではない。むしろ教師による最初の教えとは、教師がまさに教える者として現前すること自体なのであり、そうした現前から表象は生じるのだ。（TI, 102／一三八）

われわれはいまや、（a）存在と真理を区別するために、レヴィナスが三種の分離概念にわりあてた役割を明瞭に理解することができる。自己の存在からの分離は、日常的な次元においてすでに自我が他人と無差別的ではなく、他人と共有しえない固有の人称性を有することを明らかにする。この洞察によって、真理を存在可能性の展開としてではなく、享受における自我のあり方の根底的変容として考察することが可能となる[47]。（b）世界からの分離は、自我が世界のたんなる反映ではなく、自我だけが正当化しうる主張ないし見つもり（prétention）の主体であることを示している。真理は、自らが正当化されていないという事実に直面し、自我の名のもとに発せられた言明において自らを正当化することを本質的な契機としている。（c）他人との分離は、何らか知っていたものを明瞭にするのとは異なる「理解」のあり方、自我の知りえなかったものを他人から教わるような「理解」を可能にする。真理は、理解の枠組みを自我と共有していない〈他人〉による自我のあり方の問い直しおよびこの〈他人〉に対する理解の正当化と解される。レヴィナスが他人との関係を第一次的な意味で「真理」と呼ぶに至るのは（TI, 59, 338／八一、四四六）、この関係こそ自我の理解を問い直し、真偽が問題となる場面へと自我を置き入れることを可能にするからである。「しかし真理は、享受や感性や所有の様態である、見ることや把握することのうちにはない。真理は絶対的な外部性が自らを表現することによって現れるような超越のうちに［…］ある」（TI, 187／二五一）。

結び

本論を締めくくるにあたって、「存在は悪である」という言明に今一度立ち戻ろう。本論でわれわれは、この言明で問題となる「悪」を真理の不在として考察した(48)。そのとき、「もし存在しかないなら悪である」という推論は、一種の帰謬法（*reductio ad absurdum*）によって導かれる帰結であると考えられる。その道程は、以下の通りである。もし分離がないなら、存在しかないことになる。ところで存在しかないなら、真理が成立しないことになる。したがって、それは悪である。なぜならその場合、われわれに残されているのは、極端な懐疑論、クラテュロスのように一度たりとも「同じ」川に浸ることはできないと主張するような懐疑論しかないことになるからだ（cf. TI, 53-54／七四）。「存在は悪である」という言明は、それゆえ、存在しかないという想定のもとでのみ支持されるのだ。

確かにこの言明そのものは、仮借なき箴言のように響く。しかしながら、もし以上のように理解されるなら、それは存在から真理の方へとわれわれの目を向けさせ、そのことによって、存在自体を肯定的に思考し直すことを可能にする言明でもあるのだ(49)。

注

（1）Catherine Chalier, « Ontologie et Mal », in J. Greisch, J. Rolland (dir.), *Emmanuel Lévinas. L'éthique comme philosophie première*, Paris, Cerf, 1993. シャリエは、レヴィナスが問題とする「悪」に（一）非人称的な存在一般に縛りつけられていること、（二）自らの存在に固執することという二つの形を見て取り、両者の基盤となっている存在概念を『創世記』の「混沌」(tohu-bohu) に近づけている（pp. 66-67）。

（2）Didier Franck, « Le corps de la différence », in *Dramatique des phénomènes*, Paris, PUF, 2001, pp. 90-91.〔『現象学を超えて』本郷均・米虫正巳・河合孝昭・久保田淳訳、萌書房、二〇〇三年、九七頁〕

（3）Jean-Michel Salanskis, *L'humanité de l'homme, Levinas vivant II*, Paris, Klincksieck, 2011, pp. 111-112.〔「レヴィナスに対する諸反論について」小手川正二郎訳、『現代思想　総特集レヴィナス』青土社、二〇一二年所収、一三六-一三七頁〕

（4）当然ながら、この試みを完遂するためには、レヴィナスにおける「存在」・「悪」・「真理」の意味の体系的検討および（後期も含む）ハイデガーの議論全体とのより詳細な比較検討を経なければならない。本稿は、こうした検討の序に過ぎない。後期ハイデガーとの関連については、Silvano Petrosino, « L'idée de vérité dans l'œuvre d'Emmanuel Levinas », in J. Greisch, J. Rolland (dir.), *Emmanuel Lévinas. L'éthique comme philosophie première*, *op. cit.* 参照。

（5）E. Levinas, *Le temps et l'autre* [1948/1979], paris, PUF, « Quadrige », 1998, p. 29.〔「時間と他なるもの」『レヴィナス・コレクション』合田正人訳、ちくま学芸文庫、一九九九年、二四四頁〕

（6）E. Levinas, *De l'existence à l'existant* [1947], Paris, Vrin, 1998, p. 20.〔『実存から実存者へ』西谷修訳、ちくま学芸文庫、二〇〇五年、二七頁〕

（7）この点については、合田正人『レヴィナスの思想』弘文堂、一九八八年、一一九頁参照。

（8）「存在は事象性を表す（real）述語ではない」という『純粋理性批判』（B 626）の指摘に、ハイデガーは存在と存在者の区別を考える際、度々立ち戻っている（cf. SZ, 94）（Martin Heidegger, *Sein und Zeit* (1927), Tübingen, Max Niemeyer, 1967 の引用には、SZ の略号を用いる。引用に際しては、邦訳を参照しつつ拙訳を提示した）。こうした事情をレヴィナスがつねに念頭においていることは、例えば『全体性と無限』の審査のための覚書からも窺い知ることができる。Cf. Emmanuel Levinas, Textes relatifs à la soutenance de thèse du 6 juin 1961, in: E. Housset, R. Calin (dir.), *Levinas : au-delà du visible. Etudes sur les inédits de Levinas des*

Carnets de captivité à Totalité et Infini, Caen: Presses universitaires de Caen, 2012, pp. 36-37. このテクストの存在については、レヴィナス研究会における馬場智一氏の紹介に多くを負っている。

（9）マルセルを筆頭とするいわゆる「フランス流存在論」がレヴィナスに及ぼした影響については、Joëlle Hansel, « Autrement que Heidegger : Levinas et l'ontologie à la française », in: J. Hansel (dir.), *Levinas : De l'Être à l'Autre*, Paris, PUF, 2006 を参照。

（10）例えば、マリタンは次のように述べている。「自らを〔他人に〕与えることができるためには、まずもって存在しなければならない。それもたんに空気中を通る音や精神のなかで私を通る観念としてではなく、自存しそれ自体で存在を営む一つのもの（chose）として存在するのでなければならない。ただし、たんに他のものと同じように存在するだけでなく、自己自身を保持することによって優れたしかたで（d'une manière éminente）存在する、つまり精神的な存在でもって存在するのでなければならない」（Jacques Maritain, *La personne et le bien commun* (1947), in *Œuvres complètes*, Fribourg, Editions universitaires ; Paris, Editions Saint-Paul, pp. 186-187）。

（11）E. Levinas, *De l'evasion* [1935], Le Livre de poche, p. 101.〔「逃走論」『レヴィナス・コレクション』合田正人訳、ちくま学芸文庫、一九九九年、一五四頁〕

（12）誰よりもハイデガーが、とりわけ現存在の本来性や非本来性について語る際に、このことに敏感であった。「しかし現存在の非本来性は、ある「より少ない」（*weniger*）存在であったり、ある「より低い」（*niedringer*）存在段階であるわけでは決してない。非本来性はむしろ現存在を、現存在の最も完全な具体化に即して、現存在のせわしなさ、活発さ、関心の有無、享受する能力において規定することができる」（SZ, 43）。

（13）E. Levinas, *De l'existence à l'existant* , *op.cit.* p. 9.〔『実存から実存者へ』前掲、九頁〕強調はレヴィナス。

（14）「ウーシアの彼方の善」というプラトンの表現をレヴィナスがいかなる文脈のもとで受容したかについては、拙論「〈存在の彼方〉の痕跡——レヴィナス哲学におけるプロティノスの「痕跡」」、『新プラトン主義研究』第一一号、新プラトン主義協会、二〇一二年所収参照。

（15）E. Levinas, *De l'existence à l'existant, op.cit.* p. 9.〔『実存から実存者へ』前掲、九頁〕

（16）レヴィナスは、「存在」をいかなる同定からも逃れる純粋に動詞的な性格において捉え、あらゆる存在者が個体性ないし人称性を失ってしまう懐疑論的可能性として〈ある〉を位置づけているが（E. Levinas, *De l'existence à l'existant, op.cit.*〔『実存から実存者へ』前掲、一二二-一二四頁)、こうした存在理解それ自体の妥当性については、当然ながら議論の余地がある。この存在理解が『存在と時間』と後期ハイデガーの存在概念を連続的に捉えるレヴィナス独自のハイデガー読解に由来し、「存在論」に対する新たな肯定的視座を可能にしているという解釈をサランスキは提示している。J.-M. Salanskis, « Levinas et Heidegger : le grand écart », in R. Burggraeve, J. Hansel, M.-A. Lescourret, J.-F. Rey, J.-M. Salanskis (eds.), *Recherches lévinassiennes*, Louvain-la-neuve, Editions de l'institut supérieure de philosophie, 2012, pp. 162-168.

(17)「適所を得させる(*Bewendenlassen*)ということが存在的に意味しているのは、何らかの事実的な配慮的気遣いの内部で、ある道具的存在者を、それがいまや存在する通りに(*wie* es nunmehr ist)、またそれがそのように存在するように(*damit* es so ist)、しかじかに存在させる(*sein* lassen)ということである」(SZ, 84-85、強調は引用者)。

(18)「言表は、おのずから第一次的に存在者を総じて開示しうる宙に浮いた振舞い(*Verhalten*)ではなく、つねにすでに〈世界内存在〉を土台とする振舞いなのである」(SZ, 156)。

(19) Ernst Tugendhat, *Der Wahrheitsbegriff bei Husserl und Heidegger*, Berlin, Walter de Gruyter, 1970, pp. 333-345. トゥーゲントハットの批判については、荒畑靖宏『世界内存在の解釈学——ハイデガー「心の哲学」と「言語哲学」』(春風社、二〇〇九年)第六章で詳細な検討がなされている。

(20) 実際、レヴィナスは「真理」を他人に対する自我の言表の正当化(弁明 apologie)という次元で問題化している(cf. TI, 29/四一)。

(21) タミニオーは、『全体性と無限』第一部の章立てのうちに、すでに『存在と時間』との全面的対決の構図が素描されていることを指摘している。Cf. Jacques Taminiaux, « L'attention à *Sein und Zeit* dans *Totalité et Infini* », in *Sillage phénoménologique*, Bruxelles, Ousia, 2002.

(22) 三つの分離概念は、それぞれ緊密に結びついており、『全体性と無限』で明瞭に区分されているとは言い難い。実際、第一の分離(享受)においてすでに三種の分離の萌芽が見られ、対話において三つの分離が成就すると主張されている。けれども三つの分離の役割は、互いに異なるためここでは些か図式的な仕方で区別して論じる。

(23) 個々の論点のより詳細な検討は、本稿の枠組みを外れるため、別稿にて論じる。『存在と時間』の問題構成との全面的な対決という視点からなされている『全体性と無限』第二部の解釈については、Raoul Moati, *Evénements nocturnes : Essai sur*

Totalité et Infini, Paris, Hermann, 2012 を参照。

(24) 橋本武志「ハイデガー真理論の射程と限界」、宮原勇編『ハイデガー『存在と時間』を学ぶ人のために』世界思想社、二〇一二年、一八六-八九頁参照。

(25) 「〔現存在が最も固有な存在しうることにおいて、最も固有な存在しうることとして自己を自己自身に開示する〕こうした本来的な開示性が、本来性という様態における最も根源的な真理の現象を示している。最も根源的な、しかも最も本来的な開示性において現存在は、存在しうることとして存在することができるのだが、そうした開示性が実存の真理なのである」(SZ, 221、強調はハイデガー)。

(26) 「ハイデガーが望むのとは異なり、享受は存在への私の根づき、存在における私の情態性、自己維持への牽引力ではない。享受は存在のうちでの自己維持ではなく、すでにして存在の乗り越えなのである」(TI, 116／一五七、強調はレヴィナス)。

(27) 「〔享受によって味わわれる〕こうした内容があってもわれわれは死んでしまうし、しばしばこうした内容を失うよりも死ぬことをわれわれは選ぶものだ」(TI, 113／一五三)。

(28) 享受の自己性がハイデガーのいう世界に没入した世人自己や、死への不安において「単独化」される現存在のあり方といかなる点で異なるかについては、より綿密に検討せねばならない。

(29) 「真理は、分離において自立した存在を前提としている。真理の探究は、とりわけ欲求という欠如に基づく関係ではない。真理を探し手に入れることは、関係のうちにあることであるが、それは人が自己とは異なるものによって定義されるからではなく、ある意味では、何も欠いていないからだ」(TI, 55／七六)。

(30) レヴィナスが初期の諸著作において『存在と時間』の主体批判を高く評価しながら、この批判に耐えうる主体概念を模索した経緯については、以下の拙論で論じた。「L'intériorité et la choséité du sujet : le cartésianisme lévinassien」、『フランス哲学思想研究』第一五号、日仏哲学会、二〇一〇年所収。

(31) 『全体性と無限』において、「私」がもちうる「見つもり」(prétention)は、世界との分離が問題となる場面で、度々言及されている。「〔…〕認識する者は、認識において、より正確には自らの見つもりにおいて、認識されるものに与ることも、それと合一することもない」(TI, 59／八一、強調は引用者)。

(32) 世界に没入していた現存在に「内世界的存在者の世界性が閃く(*aufleuchten*)」(SZ, 72)と言われている。池田喬『ハイデガー存在と行為――『存在と時間』の解釈と展開』創文社、二〇一一年、五五―五六頁参照。

(33) レヴィナスは、ハイデガーのいう有意義性連関の〈目的をなすもの〉(*Worumwillen*)が、「状況からの離脱」なしには成立しえないと主張しているが(TI, 184／二四七―四八)、ハイデガーとレヴィナスの真の相違はこの「離脱」を「世界性の閃き」および「不安」という事態から捉えるか、事物との馴染みを可能にする他人との親密さ(intimité)〈妻〉(Femme)としての他人に迎えられること)を前提としている(TI, 165-166／二二四)と見るかの相違に帰着するように思われる。しばしばレヴィナスの家父長主義の吐露と断じられるこうした論述のもつ深みについては、稿を改めて論じる。

(34) レヴィナスは、理論的対象を道具的存在者のある種の派生物として捉える『存在と時間』の傾向に対して、「対象についての不動の観想から、行為に必要な目的性格を引き出すのが可能ではないにしても、〔世界への〕拘束、行為、気遣いから、表象が示している観想の自由を引き出すほうが、それよりも容易だろうか」(TI, 182-183／二四五―四六)と反問している。

(35) 「批判すなわち哲学は、知の本質である。ただし知に固有な事柄とは、〔…〕知が対象に向かう可能性に存するのではない。知の特権性とは、自らを問い直すことができること、自己自身の条件の手前へと踏み込むことができることに存するのだ」(TI, 83／一一三―一四)。

(36) 「現象」と「所与」の明確な区別やその背景については、拙論「真理と実在――フッサールとレヴィナスにおける真理概念(二)」、『現象学年報』第二八号、日本現象学会、二〇一二年参照。

(37) 「所与とは文の表す事実である。文において現れは、主題として固定されることでその現象性を失う」(TI, 101／一三七)。

(38) 「意味する者である他人は、自己についてではなく世界について語ることによって発話において自らを表明する。他人が自らを表明するのは、世界を提示することによって、世界を主題化することによってなのだ」(TI, 98／一三三)。

(39) 「しかし分離した存在は、自らの自己中心主義のうちに、つまり自らの孤独の実現そのもののうちに閉じこもることができる。そして〈他人〉の超越を忘れるというこの可能性、家から一切の歓待(つまり一切の言語活動)を追い払い、自我が自閉することを唯一可能にしてくれた超越的関係を追い払う可能性が絶対的な真理、分離の徹底性を証示している」(TI, 188／二五二)。

(40) 「真理が生じるのは、他者から分離した存在が他者に埋没することなく、他者に語ることにおいてである。触知という形においてすら他者に触れることない言語活動は、他者に呼びかけたり、他者に命じたり、他者に従うことによって、こうした関わりの実直さでもって他者に達するのだ」（TI, 56／七八）。

(41)「[…] 現存在の存在は共存在であるがゆえに、現存在の存在理解内容のうちには、他者の理解内容がすでにひそんでいる」（SZ, 123）。

(42)「人がその人の所作から（à partir de ses œuvres）理解されるとき、その人は理解されるというよりも不意に捉えられる（surpris）。当人の生き方や仕事がその人を覆ってしまうのだ」（TI, 194／二六〇）。

(43) この区別の由来の一つは、「把捉」（*comprehendere*）しえない無限をいかに「知解」（*intelligere*）しうるかというデカルトの問いにある。Cf. René Descartes, *Principia philosophiae*, I, 19, in Adam-Tannery (éds.), *Œuvres*, t. VIII, p. 12; Dan Arbib, « Levinas face à Descartes et Haïm de Volozine : synthèse ou opposition ? », in D. Cohen-Levinas (éd.), *Lire* Totalité et Infini *d'Emmanuel Levinas. Etudes et interprétations*, Paris, Hermann, 2011.

(44)「対話の基底にある倫理的関係は、実際、〈自我〉から発せられる（partir du Moi）光を有する意識の一変様なのではない。この関係は自我を問い直す。この問い直しは、相手の方から生じる（partir de l'autre）」（TI, 213／二八三）。

(45) 拙論「レヴィナスの「知覚の現象学」――『全体性と無限』におけるメルロ＝ポンティとの対話」、『メルロ＝ポンティ研究』第一七号、メルロ＝ポンティサークル、二〇一三年参照。

(46)「言語活動は、教える、つまり思惟のうちに新たなものを導き入れる。思惟のうちに新たなものを導き入れること、無限の観念こそ、理性の営みそのものである。絶対的に新しいものとは、〈他人〉である」（TI, 242／三二一）。

(47)「欲求や意志の主体性、つねに自らを所有しているつもりになって（prétendre）いながら死に弄ばれている、喪失されうる主体性は、〔他人との対面における〕選びによって変様される（transfiguré）ことになる［…］」（TI, 275／三六五）。

(48) こうした「悪」は、たんに懐疑論に落ち込むという理論的な障害にとどまるものではない。『全体性と無限』においては自我が他人に「有意味なこと」を応答することが「倫理的」とみなされている（「〔他人の〕顔を見ることは、世界について語ることなのだ」（TI, 190／二五四））点に鑑みるなら、「真理」の不在は倫理的主体の成立それ自体を阻む困難でもある。

(49) 本稿は、二〇一一年一一月一三日『全体性と無限』公刊五〇周年記念国際シンポジウム（於明治大学）において発表された拙論「L'être et la vérité: pourquoi est-ce mal s'il n'y a que l'être ? 」を翻訳・改稿したものである。改稿にあたって二〇一三年二月一七日にハイデガー研究会（於法政大学）で多くのコメントを頂戴した。ハイデガー研究会の方々、発表前後に貴重なご意見を寄せて下さった方々、とりわけG・ベンスーサン先生、J＝M・サランスキ先生、池田喬氏、平石晃樹氏に深謝します。

『全体性と無限』におけるビオス

——クルト・シリングの注から出発して——

渡名喜 庸哲

プラトンからヘーゲル、そしてハイデガーまで、思想家が自らの姿を見いだすのは、大きな円環を成就しそこから自分が遠ざかった後においてのみである。思想家が自らの姿を捉えるのは、客観的概念、行為、歴史的実効性、普遍的な営為によってなのだ。そこで彼は国家によってあることになる。残りはすべて動物のようなものだ[1]。

はじめに

「内部性と家政」と題された『全体性と無限』第二部において、より正確にはそこに含まれる一節「生としての分離」の末尾において、レヴィナスは分離された自我という自らの考えに対し次のような説明を加えている。

われわれが享受の記述において検討した、幸福の独立性において措定される分離した人格という考えは、生の哲学や人種の哲学が練り上げたような人格の考えとは区別される。〔その哲学は〕生物学的生を高揚するのであって、そこでは、人格は、自らの非人称的勝利を保証するために個人を援用する種や非人称的生の産物としてのみ生じるものとなる。（TI, 125／一六八）

ここでレヴィナスは次のような注を付けている。

例えば、クルト・シリング『国家哲学・法哲学入門』（『法学の基礎』、オットー・ケルロイター編、ユンカー・ドゥンハウプト出版、ベルリン、一九三九年）を参照。人種主義的哲学の典型であるこの著作によれば、個体性と社会性は、諸個人に先立つ生の出来事であり、この出来事によって、諸個人は、よりよく適応し、生存することができるために創造されることになる。幸福という概念、およびそれが喚起する個体的なものが、この哲学には欠けている。〔この哲学においては〕貧窮（misère）――*Not*――は、生を脅かすものである。国家は生を可能にするための多数性の組織化にすぎない。人格は、徹頭徹尾――指導者の人格としてであっても――、生のため、生の創造のために奉仕するものにとどまる。人格性の固有な原理は、目的ではない。（TI, 125／四五六）

本稿は、この注の奇妙さから出発したい。この奇妙さの理由の一つは、『全体性と無限』という著作がほとんど注を有さないという点にある。右の注は、序文におけるニーチェのワーグナー論についての――これもまたきわめて示唆に富んだ――注を除けば、もっとも長い注である。その他の注がプラトンなどの古典やジャン・ヴァールやジャンケレヴィッチらの文献、あるいは自らの論文の書誌を記すだけのものであることに鑑みれば、本文の議論に対して派生的な議論の道筋を示すこれら二つの注はきわめて例外的なものと言えるだろう。とりわけ、冒頭に引いた注に限れば、いっそうの問いが惹起される。そもそも、クルト・シリングというのは誰なのか。分離された自我の幸福な生についての議論のただなかに例外的な注を挿入し、あまり知られていないように思われるこのドイツの哲学者の論にあえて言及したのはなぜなのか。

いずれにせよ、レヴィナスにおいて「人種主義的哲学」の問題が些細な問題ではなかったことは、書誌的にはある程度主張しうる。一九三四年の論文「ヒトラー主義の哲学についての諸考察」ですでに「ヒトラー主義」の人種主義的性格が哲学的検討の対象となっていたことはもとより(2)、近年公刊された大戦中に捕虜収容所で綴られていた「捕囚ノート」に読み取られるように、レヴィナスは「ヒトラー主義」の思想に絶えず注意を払っていたのである(3)。

もちろん、こうした問題が戦後のレヴィナス思想の展開において背景に退いていくこともまた否定できない。ただ、だとすればなおのこと、目立ちにくいとはいえ、この哲学者の第一の主著においてこの問題への目配せを見せる問題の注が差し込まれていることの意義は低く見積もることはできないのではないか。

われわれの見るところでは、この注の射程は、以上の点にはとどまらない。この注はさらに、『全体性と無限』の思想展開に密接に関連した、幸福／困窮、固体性／社会性、生／国家といった諸々の主題の輪郭を浮かび上がらせる機能を有しており、さらには『全体性と無限』における「生物学的なもの」(biologique)、あるいは端的に言えば「生」(bios) なるものの地位についてレヴィナスが目立たぬしかたであれ展開している思考を垣間見させてくれるもののように思われるのだ。本稿はこうした問題を考察するにあたっていくつかの仮説を提示するにとどまる。以下ではまず、この注の文脈、射程、意義などを分析した後、後半部分でこのレヴィナスの主著における「生物学的なもの」の地位についてもう少し広い視座からの考察を行ないたい。

1　クルト・シリングの「生気論」的政治哲学

まずは主役の横顔を確認しておこう。管見ではレヴィナスにおけるクルト・シリングへの言及について扱った唯一の論文のなかで、ロバート・バーナスコーニ――アメリカでのレヴィナス思想を導入に貢献したばかりでなく、自ら「人種」概念に関する優れた考察を展開している哲学者である――は、このドイツ哲学者は「見たところ忘れられている」と書いている。(4) ただし、シリングという哲学者は、むろん有名というのにはほど遠かったが、少なくとも同時代の哲学界のなかでは、それほど忘れられていたわけではない。彼の著作のほとんどは、ドイツのみならず各国の哲学専門誌の書評の対象となっているし、ドイツの専門誌『哲学研究誌』(*Zeitschrift für philosophischen Forschung*) は、その七〇歳を記念して数ページでその功績を紹介しているほどである。(5) シリングの一九五七年の著作『社会思想史――固体性、共同性、社会性』は、フランス語およびイタリア語に翻訳されている。(6)

一八九九年に生まれたクルト・シリングは、ミュンヘン、フライブルク、マールブルク、ゲッティンゲンで哲学や歴史学を学ぶ。そしてフッサールの弟子にして現象学的な美学や心理学の業績で知られていたモーリッツ・ガイガーの指導のもと、数学における概念認識についての博士論文を執筆した。(7) 一九三二年にはシェリングにおける自然と真理についての論文で大学教授資格を得た後、(8) ミュンヘン大学で哲学を教えることになる。一九三〇年代には、主として政治哲学に関する一連の著作を発表している。(9) レヴィナスが引用した『国家哲学・法哲学入門』もここに含まれる。その後一九三九年にプラハ大学に移る。ここで指摘しておくべきは、一九三三年からナチス党員だった彼は、「政治的に積極的な教授」の一人とみなされていたということだ(10)。彼のプラハでの活動についての史料を発見したヴィクトール・ファリアスによれば、シリングの任用についての報告書には「彼の社会的態度は非の打ちどころがない」とあったとのことである。ちなみに、これもまたファリアスによれば、シリングはこの時期にハイデガーに関心を抱き、情動性とか被投性といったハイデガーの概念を講義でよく使っていたらしい(11)。第二次大戦後は、シリングは再びミュンヘン大学で哲学を講じることになり、哲学史、シェイクスピア、芸術作品などについての著作を発表している(12)。

『全体性と無限』での問題の注に現れるもう一人の登場人物、シリングの著作がその一部をなしている叢書『法学の基礎』の編者であったオットー・ケルロイター(一八八三―一九七二年)についても補足的な指摘をしておこう。憲法学者・国法学者にして、一九三〇年代のドイツ公法学会で指導的な立場を担っていたケルロイターは、ナチス政権における法概念の形成についても多大な貢献をしたようである。この面ではとりわけ『国家社会主義の世界観における民族と国家』(一九三五年)がある。彼はここで、いわゆる正統派の立場から、カール・シュミットの主張のいくつかを批判してもいる。ちなみに、彼は一九三八年に東京帝国大学の客員教授として訪日している(13)。ただし、日本からドイツに戻ったケルロイターは、ナチスとは距離をとり、そこにおける法概念の逸脱について批判を展開するようになる(14)。その理由は定かではないが、もしかすると、アレントが述べたような(15)、静的で安定した指標としての法から、自然のプロセスのような抗いがたい「運動」としての法への変容という、ナチズムにおける法概念の変化に対し、賛同することはできなかったのかもしれない。

さて、レヴィナスはこのシリングの何に関心を抱き、なぜわざわざ主著にて言及するにいたったのか。おそらくその鍵はレヴィナスが挙げているものが含まれる三〇年代の彼の一連の著作にみられるいくつかの際立った特徴にあるように思われる。彼の政治思想の特徴は、ひとまず反合理主義、反個人主義、生気論、そして人種主義にあると言っておくことができよう。

たとえば、個別的なものを起点にして「社会」的なものがいかに形成されるかという――レヴィナス自身もまた『全体性と無限』第二部で取り組んでいるのと同種の――問題が、シリングにおいてどのように論じられるかを見てみよう。三五年の国家論からの引用である。

法の普遍性の基礎は、自然法論においてしばしば主張されるようなかたちで純粋に普遍的な人間の理性にあるのではなく、民族としての意志の共同性と生の形成に奉仕する、一般的に認められる一つの目標にある。ホッブズが述べたように、「真理ではなく、権威が法を作る」のである。法の普遍性の根拠は、国家のうちの個別な成員たち（市民）は、自分自身、独立しかつ自由なかたちで、自らの国家の共同の意志に参与することができるということにあるのである(16)。

ここからみてとることができるのは、シリングにおいて法の普遍性、国家に行きつく共同性の基礎は、レヴィナスにおけるような他者との対面関係でないのはもちろん、しばしばそうみなされているような個々人の有するはずの理性や合理性でもなく、各個人が一つの民族の生を形成するために集合的な意志へと参与するという、一種の「融即」にあると考えているということである。国家は、一つの共同の目的に向かう様々な個的な意志の実存的な合一とみなされなければならない。各個人はこの「民族としての意志の共同性」のために「奉仕、献身、勤労」することが求められる。こうしてシリングは、とくに一九三五年の著作においては、任務（*Aufgabe*）という概念を提示することになる。

彼の政治思想の第二の特徴は、まさしく「生」（*Leben*）をキーワードとした「生気論」（vitalisme）に見ることができる。三七年の著作『国家哲学および法哲学の歴史』は古代ギリシアの哲学者から、中世を経て、マキャヴェッリ、ボダン、ホッブズ、ルソー、カント、ヘーゲルといった近現代の政治哲学史を概観するものであるが、それに先立つ序文を「生――人間と環境世界――国家哲学および法哲学の主題と歴史的状況」と題したシリングは、「生」こそが国家哲学および法哲学の問題の地平であることを主張している(17)。さらに、レヴィナスが引用している三九年の『国家哲学・法哲学入門』は二部構成をとっているのだが、その第一部は「前政治的な部」と題されている。個体の存在とその自然的な条件との関連が検討されるこの部は、こうした「自然」という土台に基づき、「種」から「民族」概念を導出することを目的としている。第二部の「政治的な部」は、これに基づいて国家や法律の概念的基礎を探るものである。前政治的な自然において、個体的な有機体が、種の本質の実現のために、自らが自然に有するエネルギーを活用しながら生きていくのと同じように、政治的な共同性においては、各個人は、国家において具現化される共通の意志の生成に従わなければならない。そうすることで民族および人種の純粋性の保存に参与することが求められるのである。

2　享受、欲望――欠乏、必要性

ここでレヴィナスに戻ると、いまや、このシリングに対する注が与えた当初の奇妙な印象にもかかわらず、それがどうして生の享受についての議論のなかに組み込まれる必要があったのかが容易に理解されるようにも見える。概して、『全体性と無限』の主たる目的は、一切の非人称的な集合性を前提としない他者との倫理的関係に基づいた主体性のあり方を描くことにあるといってよかろう。(18) とりわけ、同書の最初の二部において、レヴィナスは、こうした主体性の構造を分離および内部性という概念でもって特徴づけていたのであった。私と他者とのあいだに全体性を形成することがないような関係がありうるためには、私は独立し、外部との関係からは分離されて存在しなければならない。そして内部性こそがこうした分離された自我という存在様態を指し示す。「〈同〉の分離は、内部的な生、心性の相のもとに生じる」(TI, 46／六四)。そして、とりわけ第二部の享受の理論においては、この分離された存在の構造は享受の生および「幸福」という観点で捉えなおされる。つまり、レヴィナスにあっては、「幸福」に享受して生きるという存在様態が、社会学的なものであれ生物学的なものであれいかなるかたちの集合性にも吸収されないような私の個体性を形成するのである。以上が一般的な解釈であろう。

だとすると、個体についての生物学的ないし生気論的な考え方が退けられなければならない理由は明らかだろう。このような考え方によれば、個体は、生物学的生ないし「非人称的生」の一介の媒介者へと還元されることになる。「私の唯一性」は、それを超過するもの——生であれ「人種」であれ——に吸収されてしまうからだ。それとは逆に、自我は「幸福」に自立し分離されてなければならない。このことこそが、問題の注が差し込まれた節のタイトル、「享受の自我は生物学的なものでも社会学的なものでもない」ということが示しているものだろう。

おおよそ以上のように捉えると、問題の注の意義の理解には何らも支障はないかもしれない。しかしながら、問題の注の射程はこうした単純な対立には収まりきらないようにも見える。とくに以下の二点については留意しておく必要がある。

第一に、レヴィナスは明白に「生の哲学や人種の哲学が練り上げたような人格の考え」を問いに付しているとはいえ、生から出発して人間の存在を考えるという試みをおしなべて拒否しようとしているようには見えない、ということである。レヴィナスは「生気論の複数の相」に留意していなかったわけではないだろう。まさしくこの表現を表題にもつ論稿において、ジョルジュ・カンギレムは生気論を「哲学的観点」から捉える必要性を示し、それを単なる「幻想」として捉えることは避けるべきだと語っていた。カンギレムはその際、生気論そのものと、「ナチスのイデオロギーによる生気論的生物学の利用、個人主義的・原子論的・機械論的個人主義に対し「全体」(*Ganzheit*) の理論を援用する神秘化」とを区別する必要性を説いてもいたのだった(19)。レヴィナスがこうした議論に無関心ではなかったと思われる遠因の一つとして、カンギレムのこの論文が最初に報告されたのは、一九四六―四七年の、ジャン・ヴァールが主宰する哲学コレージュであったということが挙げられる。すなわち、レヴィナスの『時間と他者』の講演と同じ場所、同じ年である。

事実、レヴィナスは、生気論ないし「生の哲学」一般を退けようとしていたのではなく、「人種主義的哲学の典型」としての「生の哲学や人種の哲学」というその亜種を取り上げていると言うことすらできるように思われる。というのも、レヴィナス自身が、ある種の生の現象学を、しかも他ならぬ『全体性と無限』の第二部において展開していたと述べることは十分可能だからである。なるほど、生きるということは単に生の匿名のプロセスや生物学的生の永久の円環のなかに参与／融即することを意味するのではない。しかし、レヴィナスにとって、分離の主体は、まさにそれをとりまく環境のうちに浸りながら、「……によって生きる」ことを根本構造としており、そこから出発して、あらゆる社会性のあり方を記述するというのがレヴィナスの試みなのであったのだ。

だとすると、あえて「ナチスのイデオロギーによる生気論的生物学の利用」に釘をささんばかりの注を挿入するレヴィナスの身振りは、逆に、自分自身の「生」をめぐる議論がはまりかねない隘路を自覚しつつ、それをつねに避けるかたちで「享受」の思想を展開していたということを示唆するのではないか。この点については後に立ち戻ることにしよう。

第二に、それでもやはり、レヴィナスがこの「人種主義的生気論」の諸特徴に触れるにあたりとりわけシリングを取り上げる必要がどこにあったのかともう一度問うことはできる。反‐個人主義、生気論、人種主義といった特徴はファシズムの理論を立てた思想家、わけてもアルフレート・ローゼンベルクの『二〇世紀の神話』などにおいてはきわめて顕著に見られていた。[20] だとすると、なぜレヴィナス自身がかつて「捕囚ノート」において対峙すべき課題としてあえて名を挙げていたローゼンベルクではなく、いっそう無名のシリングにことさら触れる必要があったのか。

もちろん、レヴィナスの著作全体のなかでもシリングに対する言及は問題の注のみであることもあり、確実なことは主張しえない。だが、これについて若干の仮説を提起することは可能である。とりわけ、レヴィナスのシリングへの関心が、もしかすると、この注であえてドイツ語で引かれている「*Not*」、レヴィナスによれば「貧窮」という概念にあったのではないかと考えることができる。先に引用したように、レヴィナスは「幸福という概念は、それが喚起する個体的なものとともに、この哲学においては欠けている。貧窮（misère）―― *Not* ――とは、生を脅かすものである」と語っていた。実際、シリングの著作においては、この *Not* という概念が重要な役割を担っていることがみてとれるのである。*Not* というドイツ語は、通常必要性を意味するが、これは論理的な必然性といった意味でも、また、レヴィナスが示唆するような単なる貧窮状態のみを意味するものでもない。それは、欲求や渇望、さらには欠乏をも含む語なのであって、つまるところ、欠けている、貧しいがゆえに何かを必要としそれを切望するという事態を示すものと言えよう。そして、シリングにおいて、この欠乏／切望は、とりわけ、「現在の欠乏」から「未来への任務」が生じるところの「現在における必要性」として、これこそが生の動因かつ指針となるのである。

あらゆる生けるものは、現在における必要性（*Not*）から出発して未来において自らの存在を獲得するように存在している。この渇望、現在の欠乏（*Mangel*）こそ、真なる未来を生み出す。必要性が、なされなければならないものを規定する。(21)

ところで、この *Not* という概念は、ヘーゲルの法哲学においても重要な役割を演じていた。(22) ヘーゲルにおいて、この語は「危急権」（*Notrecht*）というかたちで現れる。これは、生命が究極の危険に瀕した場合には、他人の自由やその正当な所有を損なうおそれがあっても、自らの生命の保全のためならそれを侵害することができるという権利のことである。(23) もちろん、ヘーゲルがこのように、「正当な」所有権に対しいわば「生への権利」を擁護することには、まさしく「困窮」をはじめ、一九世紀の当時鮮明化していた資本主義社会におけるさまざまな矛盾に対する目配せもあっただろう。(24)「所有権」を保証されない「貧窮した人々《レ・ミゼラブル》」にとって、いわば「生」への権利を保証することは、法の抽象性を暴きつつも、いっそう実質的な政治的共同体の形成を目指すことであっただろう。ちなみに、ヘーゲルが『法の哲学』での該当箇所で、次のように述べていることは傾聴に値する。ヘーゲルは、生の保全にとって重要なのは、偶然に左右された将来ではなく、直接的な現在の危急（すなわち欠乏とそこから生じる必要性）であって、それだけが不法な行為を行なうことを正当化するというのだ。

むろん、ヘーゲルが述べている事柄そのものは、現在でも「緊急避難」というかたちで一般に認められているものに連なるものである。*Not* を取り上げるとき、レヴィナスはそのことをとりたてて問題にしているのではなかろう(25)。そうではなく、レヴィナスが注視しているのは、この現在における「必要性」、シリングが何度も用いる言葉で言えば「生の必要性」が、個々人がなすべき一切のことがら、その「任務」を規定し、正当化し、しかも「人種」や「生物学的規定」を後ろ盾にしてこのことを政治的共同体の組織化の原理とするようになるという理路であるように思われる。そこでは、あらゆる個的な人格の存在が、さらには彼らからなる社会全体が、まさしく「生の必要性」につき動かされ、「生の創造のために奉仕するもの」として規定されることになるのだ。

レヴィナスが『全体性と無限』第二部の享受論で、自らもまたある意味「生」から出発しつつ、幸福に自立した個体の議論を展開し、問題の注を挿入したとき、上記のような問題系がその射程に含まれていたように思われる。その要点だけまとめておこう。第一に、この議論は、その骨子である「欲求」（besoin）の概念と、上記の欠乏／切望（*Not*）との差異において捉えるべきである。周知のように、レヴィナスにおいて「……によって生きる」という幸福なる享受の構造は、欠乏から出発して解釈されてはならない。レヴィナスがあくまで何も欠けておらず満たされているのに欲するというかたちで「幸福」なる「欲求」を提示する背景に、欠乏の論理がシリングの「人種主義的哲学」に一つの帰結を見るという認識があったのではないか。第二に、そこからすると、このレヴィナスの議論は、誤解を恐れずに言えばきわめて個人主義的＝個体主義的（individualisme）なものである。何かによって生きるというのは、単なる従属状態なのではなく、いかに矛盾して見えようとも、「この従属における統御」なのであり、「……によって生きるとは、主権性、本質的に利己的な幸福へと豹変する従属」である（TI, 118／一五九）。「幸福は個体化の原理」（TI, 157／二一二）、いかなる融即も要求しない個体化の原理なのだ。とはいえ、最後に付記すべきは、レヴィナスの言う自我は、いったん個体化すると、生の次元そのものからの脱出を要請するという点にある。他人の顔との出会いがあるのは、ビオスないしフュシスの領域を超えたところである。これこそが、欲望が形而上学的（自然を超えた）欲望とされる所以であろう。「形而上学的〈欲望〉は生を超え出る」のである（TI, 117／一五八）。

3　レヴィナスの自由主義？

こうしてレヴィナスの享受論はシリングの「生気論」的な思想の対蹠点に位置付けられるわけだが、その帰結をどのように捉えるべきか。『全体性と無限』の議論そのものを追うならば、ひとまずは、次のような周知の結論に舞い戻ることになる。すなわち、少なくとも同著の第二部における主体性の概念は、「生」であれ「社会」であれ人格を包摂する全体性を掲げる見方とは徹底的に区別されたものと捉えるべきである、というのがそれである。自我は自律し、満足し、独立し、幸福である。ところで、こうした独立し自律した主体という考え方は、『全体性と無限』の議論に従えば、ある種の自由主義、とりわけカント的な自由主義を見てとるような試みを正当化するようにも見える。シリングについての注においても、「分離した人格」が「目的」それ自体となるかどうかが問題とされていた。まさしく、こうした言い回しはカント的なものである。実際、レヴィナス自身が、問題の注を引用したすぐ次の段落冒頭においてこう述べるのである。「一面ではわれわれが合流する自由主義の悲壮さは、ほかの何も表さず、したがってまさに自分自身であるような人格という考えを推し進める点にある」

（TI, 125／一六九、強調は引用者）。

しかしこうしたカント的な自由主義とレヴィナスの倫理とを早急に結びつけることには注意を払っておく必要がある。レヴィナスが逆説的にも語っているのは、レヴィナス自身はあくまで「一面」で自由主義に合流するのであって、しかも合流すべきは自由主義の華々しい主張ではなく、その「悲壮」な面にとどまる、ということだからである。ここに垣間見られるようなレヴィナスにおける「自由主義」の問題の展開を追いなおす必要はあるだろうが、この作業は別稿に譲らざるをえない。とはいえ、問題点だけスケッチしておけば、一九三四年のまさしく「人種主義」の問題を扱った「ヒトラー主義の哲学」についての論文から、同じ論文が一九九〇年に英訳が出た際に付記された「後記」にいたるまで辿りなおす必要があるだろう。前者では、方法論的なものであったにせよ、まさしく西洋の「自由主義」の伝統がヒトラー主義の哲学と対置されていたのだが、翻って、後者では「自由主義が人間的主体の正当な尊厳に足りるかどうか」を問う必要性が喚起されることになるからである。(26)

いずれにせよ、あらゆる生物学的な考え方を退けた自由主義的ないし個人主義的「人格」という結論で満足してはならないように思われるのだが、その最大の理由は以下の点にある。すなわち、先に示唆したように、レヴィナスにあって、しかも『全体性と無限』の内部においてすら、「生」ないし「生物学的なもの」は、それ自体として一貫して退けられているわけではないからである。「生物学的なもの」は、拒絶されるどころか、この著作の最終部、繁殖性の観念が問題となるときに、きわめて重要な、しかし両義的な役割を担うことになるのである。

4　『全体性と無限』におけるビオス――「生物学的繁殖性」の両義性

『全体性と無限』第三部の末尾で、レヴィナスは続く最終部での分析を導くことになる問題を次のように設定している。

> 時間の原初的な現象へとさかのぼらなければならない〔…〕。父性へとさかのぼらなければならない。それなしには時間とは永遠性のイメージにすぎないものとなろう。〔…〕生物学的繁殖性はここで問題となる父性の一つの形態にすぎないが、この父性とは、時間を根源的に作動させるものとして、人間たちにあっては、生物学的な生に立脚しつつも、この生を超えて生きられるものなのである。（TI, 277／三六八）

この引用からは、『全体性と無限』最終部の主題が、父と子との連続的かつ不連続的な系譜関係としての「父性」を通じて「時間の原初的現象」を明らかにすることにあるということを読みとることができる。だが同時に、とりわけ「生物学的」という用語をめぐってここに一つの両義性があることを無視するわけにはいかない。一方で、「生物学的繁殖性」は父性の一形態をなす。しかも父性は「生物学的生」に基づくとされる。しかし他方で、この同じ父性は生物学的「生を超え」なければならないとされるのである。

こうした両義性は、レヴィナスが繁殖性の構造を記述するときに指摘するのがつねに同じ両義性であるだけに、単なるメタファーとみなして等閑にすべきものではないだろう。実際、レヴィナスは次のように繰り返し述べているのである。

自我の繁殖性、それは自我の超越そのものである。この概念の生物学的起源は、いかにしてもその意味作用の逆説を中和化することはなく、生物学的な経験を超過する構造を描きだす。（TI, 310／四一一、強調は引用者）

生物学的なものがこうした関係すべての祖型を供すること、このことが示しているのは、もちろん、生物学は、存在の本質的な産出とはかかわりを持たない存在の純粋に偶然的な秩序を現すのではない、ということである。しかしこれらの関係は、自らの生物学的な制限から解放される。（TI, 312／四一五、強調は引用者）

こうして、繁殖性の概念は、『全体性と無限』第四部の驚くべき特徴へとわれわれを直面させる。繁殖性は生物学的なものに起源をもち、それによって与えられる「祖型」に基づくが、しかし、繁殖性でもって描かれるべき関係は、生物学的な「経験」ないし「制限」を「超過」し、そこから「解放される」必要があるとされるのである。こうして「生物学的なもの」は、これに関連したほかのあらゆる概念と同様、レヴィナスが「両義的なもの」と呼ぶものの論理に組み込まれる。(27) たとえば、同じ両義性は、あろうことかレヴィナスのシリング批判の骨子であったはずの「欲望」と「欲求」の区別においても現れる。すでに引用したように、「形而上学的〈欲望〉は生を超え出る」。つまり、〈欲望〉は「フュシス」と「ビオス」の領域を超過するとされていた。しかし、あたかも、「繁殖性」、しかも「生物学的繁殖性」が登場することによって、この全き他者へと向かう〈欲望〉は、ビオスの領域に戻ってこなければならないかのようなのである。「〈他人〉が、その他性を保ちつつも、欲求の対象として現れるという可能性」によって、「欲求と欲望の同時性」が課されることになるのである（TI, 285／三七六）。

要するに、レヴィナスにおける――とりわけ『全体性と無限』における――繁殖性の問題を考えるに際しては、この生物学的なものの両義性がきわめて重要になってくる。なぜ繁殖性は「生物学的構造」に自らの「起源」を持つにもかかわらず、生物学的「制限」から解放されるべきなのか。なぜ、この「生物学的繁殖性」の概念が援用されるのか。この点に関して、いくつかの仮説を提示してみたい。

まず、この問題系が組み込まれているより広い枠組みを確認しておこう。とりわけ指摘すべきは、「人称的な関係」と言われる繁殖性は、「非人称的」な政治の秩序との対立関係において提示されているということである（TI, 283-284, 343／三七二–七四、四五二–五三）。繁殖性と政治的秩序はいずれも「私の死」を超えた一種の永続性の探求とみなされているのである。一方で、国家とは、死後の名声を残すというような仕方である種の不死性を供する。国家は、暴力に脅かされた人間たちを保護し、彼らが「死に打ち勝つ」ことができるようにするのである(28)。他方で、繁殖性とは、こうした――レヴィナスが非人称的とみなす――政治秩序における不死性という様態に対して、「人称的な関係」を保ちつつ、「歴史の糸を縫い直す」もう一つの仕方として提示されるのである（TI, 311／四一三）。

とすると、「生物学的繁殖性」は、こうした要請に対しなんらかの返答を与えるものなのだろうか。どのように「後裔への通路」（TI, 50／六九）、もう一つの「死に打ち勝つ」方法、国家の歴史的実効性とは別のかたちの永続性を垣間見させてくれるのだろうか。

ここでもまた仮説にとどまるが、次のことを喚起しておこう。繁殖性の「生物学的起源」は、こうしたもう一つの歴史性という問題を、世代を超えた継承ないし系統の問題として捉える見方に呼応するのではないか。この点で何人かのユダヤ人思想家の意見を参考にすることができるかもしれない。たとえば、マルティン・ブーバーは、一九〇九年のある講演において、「世代間の継起」、「複数の世代の不死性」を、「血の共同体」として考えるという見方を提示していた(29)。ここでさらに、こうした考え方がフランツ・ローゼンツヴァイクによっても共有されていたのではないかと考えることもできるかもしれない。とりわけローゼンツヴァイクが、「永遠の民」を問題にするなかで、「未来への期待に対し、現在における保証を授けるのは唯一血のみである」と言うときにはそうである(30)。この考えについては、文脈に即したいっそう綿密な議論が必要となるだろうが、ここで指摘したいのは、これらの観念が生物学的なものに依拠しているということではまったくなく、ローゼンツヴァイクは、まさしく国家の永遠性と民族の永遠性という対立から出発して、「世界の政治的歴史から離れて存在する」という要請を強調していたという点である(31)。

5　「決定的なもの」

とはいえ、レヴィナスは政治的な歴史とは別のかたちの歴史性を思考するという要請をローゼンツヴァイクから引き受けたにせよ、「血」という語彙を発動させることには決して同意しなかったように思われる。ローゼンツヴァイクを「ヒトラー主義の台頭の前」の思想家であるレヴィナスが述べたのはそのためかどうかはわからないが(32)、いずれにせよレヴィナス自身は「ヒトラー主義の哲学」を問いに付すことから自らの哲学的な経歴をはじめざるをえなかった。そして、レヴィナスにとって、ヒトラー主義の前代未聞の独自性とは、人間の存在を、「血」や「遺伝」といった生物学的な次元において、自分の存在に否応なく繋ぎとめられているものとして規定した点に見いだされるのであった。

生物学的なものが、それが含み持つあらゆる宿命性をともなって、精神的な生の単なる対象以上のものとなる。この生の核心となるのだ。血という神秘的な声、身体が謎めいた運搬物となるような遺伝や過去への呼びかけ――これらは主権的な自由を有した〈自我〉に委ねられた問題という性質を失うのである。[33]

ここに、この一九三四年の指摘とクルト・シリングについての注との驚くべき共鳴をみてとることができよう。『全体性と無限』の注で問題になっていたのは、個体の独立性、唯一性、そして幸福を、生物学的生の非人称性へと従属させるという体制であったのに対し、この一九三四年の論文では、「ヒトラー主義の哲学」が明るみに出した「新たな人間の考え方」、すなわち、人間の本質を自由な〈自我〉の自らの身体に対する、そして生物学的生に対する連縛（enchaînement）に見るという考え方が問題となっている。ヒトラー主義は、あらゆる逃走の試みが不可能になるような、「釘づけにされた存在」という状況に人間を決定的に結びつけるのである。ところで、思い起こしておきたいのは、「ヒトラー主義の哲学についての諸考察」においては、こうした自らの生物学的存在への連縛が「何ものも、その決定的なもの（définitif）という味わいを変えることができないような合一」とされている点である。[34] つまり、こうした連縛の「決定的」という性格に、レヴィナスは「ヒトラー主義の哲学」の要を見ていたのである。

論を締めくくるにあたり、この「決定的なもの」という問題系に注意を促しておきたい。この問題系は一九三四年のヒトラー主義についての論文で最初に提起されて以降、四〇年代にいっそう哲学的な仕方で練り上げられ、そして最終的には、まさしく『全体性と無限』の繁殖性についての議論で究極的にまとめられるように思われるからである。そして、まさしくこの「決定的なもの」という性格こそが、繁殖性がその「生物学的起源」を乗り越えなければならない理由を示すように思われるのである。

実のところ、レヴィナスの思想の軌跡を「決定的なもの」を軸にして追うことはある程度までは可能である。一九四七年の『実存から実存者へ』のなかで、この語は「私」が「自己に釘づけにされる」という事態に「悲劇的な」味わいを付加するものとされていた。「私が自分ではないということの不可能性が、私であることの根本的な悲劇、私が自分の存在に釘づけにされているという事態を示している」(35)。そして、この自らの存在への釘づけこそが、「決定的なもの」、すなわち「私の自らの自己への連縛という決定的なもの」を構成するのである(36)。もちろん、問題はもはや単なる「生物学的」次元における連縛ではなく、むしろ存在論的な連縛にある。だが、このいわば存在論化が重要だと思われるのは、レヴィナスの四〇年代のテクストでは、この点が時間性の概念の形成に関わることになるからである。一方で、この連縛こそが自我の同一性を構成する。「「現在」と「私」とは、同一性を構成する自己言及という運動のことである」(37)。しかし、他方で、自己へと釘づけにされたこの「私」は、現在しか知らず、時間を欠き、「孤独」なままである。ところで、「孤独とは時間の不在である」とすると(38)、時間があるためには、孤独な「私」の決定的な連縛が断ち切られることが必要となる。「質料の連縛を断ち切ること、それはイポスターズの決定的なものを断ち切ることである」(39)。それは時間においてあるということである。ここで問題となっているのは、第一に、決定的なものへの連縛がいかにして断ち切られるかであり、第二に、いかにしてこの「決定的なもの」が「非‐決定的なもの」へと転化するかである。第一の点についてレヴィナスは他人の役割を強調する。「他人の他性は、自我の決定的なものを断ち切る」のであり、(40) さらには「時間とはたった一人で孤独な主体によるのではなく、［…］主体と他人との関係そのもの」なのである。(41) 第二の点について指摘すべきは、「非‐決定的なものの要請」が、「存在することを再びはじめることの要請であり、各々の再開において、自らの非‐決定的なものを期待すること」とされている点である。(42) 現在における「私」は、孤独であり時間を欠いているが、この「決定的なもの」は他人との関係によって断ち切られ、新たなる「再開」をもたらすことになる。そして、このような考えこそが、『全体性と無限』の最終部における時間論のなかで取り上げなおされる当のものなのである。「時間とは決定的なものの非‐決定的なもののことである。成就したものをつねに再開させてしまう他性である——この再開の「つねに」である」(TI, 316／四二〇)。

要するに、繁殖性は、一方では、先述のように、ある種の永続性を確保するものであると同時に、他方では、まさにこの「非‐決定的なものの要請」に呼応するものなのである。繁殖性こそが、「決定的なもの」の連鎖を断ち切り、「非‐決定的なもの」を可能にするような時間性を開く。繁殖性は、可能事を超えた未来との関係として、「再開」を可能にする「絶対的な若さ」を生み出す (TI, 315／四一八)。これによって、息子の若さに結びついた、非連続性を通じた連続性という時間が可能になるのである。

> 繁殖性は老いを生み出すことなく歴史を続ける。無限の時間は老いゆく主体に永遠の生を与えるものではない。それは、複数の世代の非連続性を通じ、また息子の枯れることのない若さによって区切りをつけられることによって、より良きものとなるのである。(TI, 301／三九七)

すなわち、繁殖性が生み出す「真の時間性」とは、「決定的なものが決定的でなくなる時間性」のことなのである(TI, 314/四一七)。

結びにかえて

最後の点は足早にスケッチしたままであり、とりわけ繁殖性における「真の時間性」については今後いっそう立ち入った分析を行なわなければなるまい。だが、シリングへの注に明らかなように、「生物学的生」の高揚に対してつねに警戒していたにもかかわらず、『全体性と無限』の議論のクライマックスである最終部の繁殖性の議論において、「生物学」的性格に言及しつつ「両義性」に固執するというレヴィナスの身振りがどのような理論構成によって支えられているかは、以上でその一端が明らかになったと思われる。もちろん今後論ずべき残された検討課題も多い。とりわけ、かつてレヴィナスは「ユダヤ的実存は過去の特権的な瞬間を参照し、存在におけるその絶対的な位置づけは系統(filialité)によって保証される」と書いていたのだが、[43] もし彼が、存在の時間的様態を単に「系統」という語彙ばかりでなく、「ユダヤ的存在」という概念でもって提示しようとまでしていたのだとすれば——この身振り自体は哲学的著作である『全体性と無限』では明示されないのだが——、このことの関係でもう一度問題を検討しなおすべきだろう。しかも、『著作集』公刊において明らかにされたように、「存在のカテゴリーとしてのJ〔ユダヤ教〕」という問題系は、かなり以前からレヴィナスのなかで温められてきたものであると思われるだけに、[44] いっそう検討すべき課題であるように思われる。もちろん、『全体性と無限』以降のレヴィナス思想の進展において、「繁殖性」にまつわる問題群が姿を消すようにも思われることについても改めて考えてみなければなるまい。いずれにせよ、本稿が問題にしたシリングに関する注は、レヴィナスの思索が、その最初期から——あまり目につかないかたちであれ——、「ヒトラー主義の哲学」に潜まれた「決定的なもの」の思想との格闘を通じて練り上げられていったことを如実に物語るものだということはできるだろう。

注

（1）Emmanuel Levinas, « Jean Wahl et le sentiment », in *Noms propres* [1976], Le Livre de poche, p. 135.〔『固有名』合田正人訳、みすず書房、一九九四年、一七七頁〕強調はレヴィナス。

（2）E. Levinas, *Quelques réflexions sur la philosophie de l'hitlérisme* [1934], Paris, Rivages, 1997.〔「ヒトラー主義哲学に関する若干の考察」『レヴィナス・コレクション』合田正人訳、ちくま学芸文庫、一九九九年〕

（3）第二次大戦中にドイツの捕虜収容所で書きとめられたノートに、レヴィナスは「私のやるべき仕事」として以下の四つを挙げている。「（1）存在と無。（2）時間。（3）ローゼンツヴァイク。（4）ローゼンベルク。」(E. Levinas, *Œuvres* 1, *Carnets de captivité suivi de Écrits sur la captivité et Notes philosophiques diverses*, Paris, Grasset/IMEC, 2009, p. 74.)

（4）Robert Bernasconi, "Levinas and the Struggle for Existence", in E. S. Nelson, A. Kapust and K. Still (eds), *Addressing Levinas*, Northwestern University Press, 2005.

（5）"Kurt Schilling 70 Jahre Alt", *Zeitschrift für philosophische Forschung*, vol. 23, no. 3, 1969 (vol. 23, pp. 416-418).

（6）K. Schilling, *Geschichte der sozialen Ideen. Individuum, Gemeinschaft, Gesellschaft*, Stuttgart, A. Kröner, 1957 ; tr. fr., *Histoire des idées sociales : individu, communauté, société*, Paris, Payot, 1962 ; tr. it., *Storia delle idee politiche e sociali*, Milano, Garzanti, 1965.

（7）*Über die begriffliche Erkenntnis im Gegensatz zur mathematischen*.

（8）*Natur und Wahrheit. Untersuchung über Entstehung und Entwicklung des Schellingschen Systems bis 1800*, München, E. Reinhardt, 1934.

（9）*Der Staat. Seine geistigen Grundlagen, seine Entstehung und Entwicklung*, München, E. Reinhardt, 1935 ; *Geschichte der Staats- und Rechtsphilosophie. Im Überblick von den Griechen bis zur Gegenwart*, Berlin, Junker und Dünnhaupt, 1937 ; *Einführung in die*

Staats- und Rechtsphilosophie, Berlin, Junker und Dünnhaupt, 1939.

（10）　以下を参照。George Leaman et Gerd Simon, « Deutsch Philosophen aus der Sicht des Sicherheitsdienstes des Reichsführers SS », *Jahrbuch für Soziologiegeschichte*, 1992 ; George Leaman et Gerd Simon, « Die Kant-Studien im Dritten Reich », *Kant-Studien*, 85, 1994 ; Christian Tilitzki, *Die Deutsche Universitätsphilosophie in der Weimarer Republik und im Dritten Reich*, 2 Bd., Berlin, Akademie Verlag, 2002.

（11）　Cf. Victor Farias, *Heidegger et le nazisme*, Paris, Verdier, 1987, p. 270. シリングはのちにハイデガー論も書いている（« Heideggers Interpretation der Philosophiegeschichte », *Archiv für Rechts- und Sozialphilosophie*, Bd. 41, 1954/55）。

（12）　*Platon. Einführung in seine Philosophie*, Wurzach, Pan-Verlag Rudolf Birnbach, 1948 ; *Geschichte der Philosophie,* Heidelberg, C. Winter, 1949 ; *Shakespeare. Die Idee des Menschseins in seinen Werken*, München, E. Reinhardt, 1953 ; *Die Kunst. Bedeutung, Entwicklung, Wesen*, Gattungen, Meisenheim/Glan, A. Hain, 1961 ; *Weltgeschichte der Philosophie*, Berlin, Duncker & Humblot, 1964 ; *Philosophie der Technik. Die geistige Entwicklung der Menschheit von den Anfängen bis zur Gegenwart*, Herford, Maximilian, 1968. 主著は以下である。*Geschichte der Philosophie*, Erster band, Die alte Welt, Das christlichgermanische Mittelalter, 2 Aufl., München, E. Reinhardt, 1951 ; Zweiter band, Die Neuzeit, 2 Aufl., München, E. Reinhardt, 1953.

（13）　邦訳に以下がある。オットー・ケルロイター『ナチス・ドイツ憲法論』（矢部貞治・田川博三訳、岩波書店、一九三九年）、『新國家觀』（大串兎代夫訳、日光書院、一九四二年）。

（14）　Cf. Robert Steuckers, in *Enclyclopédie des Œuvres Philosophiques*, PUF, 1992.

（15）　ハナ・アーレント『全体主義の起源　3　全体主義』大久保和郎・大島かおり訳、みすず書房、一九七四年。アレントはケルロイターの著作を二点引用している。

（16）　K. Schilling, *Der Staat. Seine geistigen Grundlagen, seine Entstehung und Entwicklung*, *op. cit.*, p. 130.

（17）　K. Schilling, *Geschichte der Staats- und Rechtsphilosophie*, *op. cit.*, p. 11.

（18）　このような議論におけるレヴィナスの関心と、シリングが問題とするような政治的な共同性の形成の問題には隔たりがあるように見えるかもしれない。だが、『全体性と無限』形成期のレヴィナスにあって、政治的共同性の問題、特にその正当性の問題は——たとえ否定的なしかたであれ——哲学的な分析を経るべきものであった。これについては、レヴィナスの五三年の論文「自由の命令」（*Liberté et commandement* [1954], Montpellier, Fata Morgana, 1994）に加え、以下の拙論を参照。「レヴィナスにおける倫理と政治：プラトンとの対話と「もう一つのアルケー」」『社会思想史研究』（社会思想史学会）第三六号、二〇一二年。

（19） Georges Canguilhem, « Aspects du vitalisme », in *La connaissance de la vie*, 1952/1965/1992, 2e édition revue et augmentée, Paris, Vrin, p. 97.

（20） 例えば以下を参照。Karl Polanyi, « The Essence of Fascism », in Polanyi and Kitchen (eds), *Christianity and the Social Revolution*, London, Victor Gollancz, 1935. ポラニーはこうした性格をローゼンベルクから引き出している。

（21） K. Schilling, *Einführung in die Staats- und Rechtsphilosophie*, *op. cit.*, p. 69.

（22） 本稿が発表されたシンポジウムでこの点を指摘してくださったジェラール・ベンスーサン氏に感謝したい。

（23） ヘーゲル『法哲学』第一二七章。

（24） Domenico Losurdo, *Hegel and the freedom of moderns*, Durham, Duke University Press, 2004.

（25） 日本の現行刑法でも「自己又は他人の生命、身体、自由又は財産に対する現在の危難を避けるため、やむを得ずにした行為は、これによって生じた害が避けようとした害の程度を超えなかった場合に限り」その違法性が阻却されるとされている（刑法三七条一項）。むろん、後期レヴィナスが提示する「私」の存在そのものが他者の場所を奪っているのだという考えからすれば、こうした考えに対しても根本的な批判がなされるのかもしれない。だが、刑法に引き付けて言うのならば、目下の場合に問題なのはそのことではなく、この条文についての補足規定「前項の規定は、業務上特別の義務がある者には、適用しない」（三七条二項）であろう。たとえば警察官や消防士は「現在の危難」が差し迫っていたとしても、「義務」としてそれを避けてはならない。そのために被った死は「殉職」と呼ばれる。ここからすると、目下の議論から問題とされるべきは、こうした「殉職」の組織化・全般化の体制であろう。

（26） Cf. E. Levinas, *Quelques réflexions sur la philosophie de l'hitlérisme*, *op. cit.*, pp. 8 et 26.（「ヒトラー主義哲学に関する若干の考察」前掲、九二頁）。「後記」は以下を参照。*Critical Inquiry*, 17, Autumn 1990. またここでの「自由主義」の問題については以下が興味深い。Cf. Michel Delhez, « La "Kehre" levinassienne », *Revue philosophique de Louvain*, 100(1-2), 2002.

（27） なかでも本書所収のベンスーサンの論考を参照。

（28） Cf. TI, 270／三五九．以下も参照。Marc Crépon, « Vaincre la mort », *Éudes Phénoménologiques*, vol. 22 (43/44), 2006.

（29） Matin Buber, « Le judaïsme et les juifs », in *Judaïsme*, Paris, Gallimard, 1982, p. 12.

（30） Franz Rosenzweig, *L'Étoile de la rédemption*, Paris, Seuil, 2003, p. 417.

（31） E. Levinas, « Entre deux mondes (La voie de Franz Rosenzweig) », in *Difficile liberté*, Paris, Albin Michel, 1976, p. 253.〔「「二つの世界のあいだで」――フランツ・ローゼンツヴァイクの道」『困難な自由』合田正人・三浦直希訳、法政大学出版局、二〇〇八年、二六三頁〕

（32） E. Levinas, *A l'heure des nations*, Paris, Minuit, 1988, p. 168.〔『諸国民の時に』合田正人訳、法政大学出版局、二三九頁〕

（33） E. Levinas, *Quelques réflexions sur la philosophie de l'hitlérisme*, *op. cit.*, pp. 18-19.〔「ヒトラー主義哲学に関する若干の考察」前掲、一〇二頁〕。以下の拙論も参照されたい。「三〇年代のエマニュエル・レヴィナスにおける「ヒトラー主義の哲学」批判」『レゾナンス』第五号、二〇〇七年。

（34） *Ibid.*, p. 18.〔「ヒトラー主義哲学に関する若干の考察」前掲、一〇二頁〕

（35） E. Levinas, *De l'existence à l'existant* [1947], Paris, Vrin, 1998, p. 143.〔『実存から実存者へ』西谷修訳、ちくま学芸文庫、二〇〇五年、一七七頁〕

（36） *Ibid.*, 142f.〔『実存から実存者へ』前掲、一七六頁〕

（37） *Ibid.*, 136.〔『実存から実存者へ』前掲、一六九頁〕

（38） E. Levinas, *Le temps et l'autre* [1948/1979], Paris, PUF, « Quadrige », 1998, p. 38.〔「時間と他なるもの」『レヴィナス・コレクション』前掲、二五三頁〕

（39） *Ibid.*

（40） E. Levinas, *De l'existence à l'existant*, *op. cit.*, p. 145.〔『実存から実存者へ』前掲、一七九頁〕

（41） E. Levinas, *Le temps et l'autre*, *op. cit.*, p. 17.〔「時間と他なるもの」前掲、二三二頁〕

（42） E. Levinas, *De l'existence à l'existant*, *op. cit.*, p. 159.〔『実存から実存者へ』前掲、一九四頁〕

（43） E. Levinas, « Être juif » [1947], *Cahiers d'études lévinassiennes*, 1, 2002.〔「ユダヤ的存在」『超越・外傷・神曲』内田樹・合田正人訳、国文社、一九八六年〕

（44） Cf. « Carnets de captivité », in *Œuvres* 1, *op. cit.*

彷徨と居住

――ハイデガー『真理の本質について』の読者レヴィナス――

藤岡　俊博

はじめに

エマニュエル・レヴィナスの読者には当然のことだが、『全体性と無限』第二部「内部性と家政」のなかで、居住（habitation）という主題は非常に重要な場所を占めており、「住まい」と題された一章――この章は同書のほぼ真ん中に位置している――を構成してさえいる。〈同〉と〈他〉のあいだの根本的分離の成就とみなされた居住は、レヴィナスにとって人間存在の根源的事実である。人間存在は労働と所有を通して〈自然〉から身を引き離し、わが家ないし「家」に引きこもるのであり、家は、あまたある道具のうちの一つとしてではなく、人間活動の条件ないし始まりそのものとみなされなければならない（TI, 162／二一九―二一〇）。ところで、同様に強調しなければならないのは、居住というこの主題が、マルティン・ハイデガーの一九五〇年代の思想をレヴィナスが解釈し批判をする際の中心に位置しているということである。問題となっているのは言うまでもなく「建てる住まう　思索する」という有名なテクストである。一九五一年の講演に依拠したこのテクストは、一九五四年に『講演論文集』にて公刊された。レヴィナスは「詩人の眼差し」（一九五六年）のなかでこのテクストを参照したのち(1)──つまりハイデガーのこの論集のフランス語版（一九五八年）よりもまえである──あらためて『全体性と無限』でこれに言及しているが、そこでレヴィナスは、ハイデガーが、「四方域」（*Geviert*/Quadriparti）と呼ばれる場所の統一性のなかでしか他者との関係を見ていないことを批判している。レヴィナスにしたがえば、他者との関係は、ハイデガー的な世界のこの統一性を支える他の三つの関係（天空、大地、神々）とは際立った対照をなすはずであるにもかかわらず、である（TI, 37／五一―五二）。最後にこの批判は、主著と同年に発表されたガガーリンについての悪名高いテクスト（ドミニク・ジャニコーは「この短い誹謗文書《パンフレット》」と呼んでいる(2)）で頂点に達することになる。そこでレヴィナスはハイデガーの思想を「異教」（paganisme）と同一視することをためらわない。この語はレヴィナスがおそらくフランツ・ローゼンツヴァイクから引き継いだものであるが(3)、彼が同様に──この数年前だが──シモーヌ・ヴェイユにも向けている語である(4)。

『全体性と無限』で居住の問題に割り当てられた大きな重要性と、ハイデガーの居住思想に対する辛辣な批判とを、いかにして両立させたらよいのか。居住の異なる二つの類型、すなわち定住生活と放浪生活とを──そもそもレヴィナスの言葉がそうするように誘ってしまう可能性があるのだが──単に対立させるだけで十分なのか。これらの問いに答えるのが重要なのは、レヴィナスの批判の手厳しさによって、この議論の真の争点と、二人の哲学者のあいだの関係の豊かさそのものが隠されてしまうおそれがあるからである。事実、この批判はジャック・デリダほどの手練の読者の、おそらくはそれほど乱暴でないとはいえ、それでもやはりいささか性急な反応を引き起こした。デリダは「暴力と形而上学」でこう述べている。「存在者のもとでの存在の根源的隠蔽は、判断の誤謬よりも古いものであり、存在的次元においてはなにもそれに先行することがない。周知のようにハイデガーはこの隠蔽を彷徨（errance）と呼んでいる。［…］存在が時間であり歴史であるということは、彷徨と、存在の歴運的な本質とが還元不可能だということである。だとすれば、この終わることのない彷徨の思想を、〈場所〉の新たな異教、〈定住者〉の安逸な信仰であると告発することがどうしてできるだろうか（TI, DL）」[5]。ハイデガーの思想は、大地への根づきとも、なんらかの異教的信仰とも関係がないとされており、デリダのこの解釈の鍵となる概念が「彷徨」の概念である。ところで、理由は分からないが、このテクストでデリダはレヴィナス自身も『全体性と無限』でこの概念を用いていることに触れていない。

本稿では、まずハイデガーにおける彷徨の概念を検討し、次にレヴィナスがこの概念をどのように自らの思想に取り込んだのかを見ていく。それによって、この概念をめぐるレヴィナスとハイデガーの可能な対話を浮かび上がらせてみたい[6]。

1　レヴィナスはハイデガー『真理の本質について』をどのように読んだのか

まずハイデガーが『真理の本質について』（*Vom Wesen der Wahrheit/De l'essence de la vérité*）と題されたテクストで彷徨について語っている内容を検討しよう。このテクストは、一九三〇年および三二年の講演に基づいたもので、一九四三年にようやく出版された。知られているようにハイデガーは、通常真理が考えられる特権的な形式（言明と事物の合致）を分析したあとで、真理の本質をギリシア語のアレーテイア、すなわち「非隠蔽態」のうちに見る[7]。この語それ自体が示しているように（欠性辞のαと「忘却・隠蔽」を表すレーテー）、アレーテイアとしての真理は隠蔽と開示という二重の運動を含んでいる。そして全体としての存在者の隠蔽、「本来的な非

＝真理」は「あれやこれやの存在者の一切の開放可能性」[8]に先立っている。全体としての存在者のこの隠蔽をハイデガーは「神秘」（*Geheimnis*/mystère）[9]と呼んでいるが、日常性のうちで固執的に存在する人間は、「彷徨〔迷い〕」（*Irre*/errance）の様態においてこの神秘から逃れ、目下の現実に避難しているとされる。そしてハイデガーは、彷徨があらゆる謬見のもとにあると主張することで、真理の問いを認識論ではなく存在論の側から基礎づけようと試みているのである。人間が「脱存しながら固執的に存在し、すでに彷徨のうちに立っている」[10]かぎりにおいて、このように考えられた彷徨は、単に人間の数ある可能性の一つではない。したがって、真理をアレーテイアとみなす場合、人間が陥る彷徨は不可避的な出来事を構成する。「そのものとしての存在者の暴露は同時に、そしてそれ自体において、全体としての存在者の隠蔽である。暴露と隠蔽の同時性のうちで、彷徨が支配している。隠れたるものの隠蔽と彷徨とは、真理の原初的な本質に属している」[11]。このテクストは、真理に関して『存在と時間』の第四四節で述べられたことの発展であり、そこでも同様に開示と閉鎖の同時性が問題となっていた。ハイデガーは『存在と時間』ではまだ彷徨について語ってはいないが、現存在が日常性において行動する様態は「根なし状態」（*Bodenlosigkeit*/déracinement）と呼ばれていた。頽落において、「存在者に向かう存在は消え去ったわけではないが、根を失っている」[12]。

ハイデガーの思想を、大地に根づいた民族の信仰と同一視することで糾弾しているように見えるレヴィナスは、彷徨を現存在の不可避の可能性とみなすこの教説を知らなかったのだろうか。事情はまったく異なる。というのも『真理の本質について』は――強調すべきことだが――戦争の断絶のあとで書籍の形態でフランス語版が出た最初のハイデガーのテクストであり（一九四八年）、レヴィナスはかつての師の思想の現況を捉えるためにこのテクストに強い関心を寄せていたからである。実際、レヴィナスはこの翌年に出た「多元論と超越」というテクストのなかで早くもこれに言及している。ただし、かつての学生が漏らすのは、師の「最新の哲学」に対する落胆である。

ハイデガーの「最新の哲学」のうちには、権力（pouvoir）が君主制として維持されることの不可能性、権力が自らの完全な支配を保証することの不可能性がある。了解と真理の光は、非了解と非‐真理（non-vérité）の暗闇に浸っている。神秘（mystère）と結びついた権力は、自らが無力であることを告白するのである。それによって存在者の統一は打ち破られるかに見える。彷徨としての運命が、了解によってそれを導こうとする存在をふたたび嘲弄するのである。この告白はなにを意味するのだろうか。

ド・ヴェーレンス氏が「真理の本質について」に付した序論で試みたように、彷徨はそれ自体として認識されるのではなく感じ取られるのだと言ったとしても、それはおそらく言葉遊びだろう。ハイデガーにおいて権力として理解された人間存在は、実際のところ、真理と光であり続けている。それゆえハイデガーは、現存在の有限性がすでに含んでいる神秘との関係を描写するためのいかなる概念も持ち合わせていないことになる。権力が同時に無力であるとしても、この無力が描写されるのは権力との関係においてだからである。(13)

現存在の「存在可能」（*Seinkönnen*/pouvoir-être）が含意する「権力」（pouvoir）が彷徨としての運命のうちに捉えられ、それによって存在者の全体を理解することの無力が露見したとしても、これはレヴィナスにとって、依然として本来的な権力に差し向けられるような、現存在の非本来的な不可能性を意味しているにすぎない。権力と無力の同時性が明らかになるような彷徨は、相変わらず真理と光に結びつけられたままである。この指摘は、同じ時期にレヴィナスが、雄々しき権力として提示された主体と、そこにおいて「自我はなにもなすことができない」[14]という死との関係を描写していたさまを思い出させる。死という未知で謎めいた他なるものの他者性をまえにして、主体はその雄々しさと権力とを失うのである。そして「光のなかで生じることはありえない」死のこの他者性を、レヴィナスもまた「神秘」(mystère)と呼んでいた[15]。強い意味での他者性のうちに、すなわち、主体の了解によっても知性の光によっても接近不可能なもののうちに神秘を認めるレヴィナスにとって、ハイデガーの言う神秘はそう呼ばれるべきものではないとされる。なぜならば、相変わらず非了解は了解に、無力は権力に、そして非-真理は真理に結びつけられているからであり、ハイデガーが考える神秘は、まったき他であるような次元を意味するどころか、実際には現存在の有限性の指標にすぎない。別の仕方で言うなら、この神秘がつねに現存在の有限な尺度(*mesure*)に準拠しているのに対し、レヴィナスにおいて神秘とは、度を越した仕方で(*démesurément*)無限を指示すべきものなのである。

しかし、レヴィナスのこの解釈はどの程度まで適切なのか。というのも、レヴィナスが引用する『真理の本質について』の序論でド・ヴェーレンスがすでに強調していたように、非-真理の「非」とは通常の否定の「非」ではないのであって、否定的なものをいささかも含んではいない。「[…]非-真理に対する真理の関係は、もはや単なる論理的対立ではなく、基礎づけるものに対する基礎づけられるものの関係である。つまりハイデガーにとっては、一般の考えに反して、真理こそが非-真理のうえに基礎づけられているのである」[16]。したがってレヴィナスのように、非-真理が依然として真理に準拠していると述べることは、非-真理に対する真理の基礎づけの関係を見誤ることになる。事実ド・ヴェーレンスはこうも述べている。「まさに、非-真理を真理に関係づけようというこうした仕方こそ、ハイデガーが是が非でも遠ざけようとするものである」[17]。こうした見方にしたがえば、レヴィナスは、二つの極の単なる二元性を乗り越えようとするハイデガーの努力の一切を無視しているということになるだろう。

ところで、一九四九年のこの短いテクストののちも、レヴィナスは『真理の本質について』に関心を寄せ続けており、一〇年度にこの掌編の書評を執筆しているほどである。先述の序論でド・ヴェーレンスが与えていた「言葉上の解決」――彷徨は認識されるのではなく感じ取られるのだというもの――に対する疑念を依然として表明しているとはいえ、レヴィナスはこの書評では、真理と非-真理のあいだの共根源的な関係を適切に要約しているように思われる。「暴露としての真理は、覆われたものの神秘に関係づけられる。真理は忘却によって神秘と関係づけられる。真理は、全体を曇らせることである存在者と結びつき、存在者を忘却することで全体を発見する〔＝覆いを剥ぐ〕のである。つまり存在は、ある状況においてでしか啓示されることがない。真理の照明とは、閉じられた地平内部における彷徨と等価なものである。認識は単に誤謬の危険を冒すのではない。認識は、それぞれの手続きにおいて、必然的に真理であると同時に誤謬なのである[18]」。この書評がわれわれに示しているのは、レヴィナスが、ある種の落胆を原因に読解を放棄するどころか、師との対話を続けるためにたえずこのテクストを再訪していたということである。そしてこの愛読のもっとも顕著なしるしが、『全体性と無限』における彷徨の概念の用法である。

2　『全体性と無限』における彷徨

『全体性と無限』のなかで彷徨という語は三回用いられており、そのうちの二回は、第四部「顔の彼方へ」の

E章「超越と繁殖性」のうちに見つかる（TI, 308／四〇八）。実を言うと、この章は一九四九年のテクストに由来するものであり、このテクストがほとんど変更を加えられないままそこに挿入されているのであって（TI, 306-310／四〇六－一一）、彷徨の語が出現する二回はさきほど引用した節においてである（つまりハイデガーの「最新の哲学」とは六〇年代のそれではなく三〇年代のものだ！）。それでは、残りの一回はどうか。レヴィナスはこの語を、われわれの出発点であった居住に関する章を締めくくる最後の数頁において、家政の一様態としての他者の迎え入れを説明する際に用いている。

> 顔を顔として「見ること」は家に滞在するある種の仕方であり、あるいはそれほど突飛でない言い方をするならば、家政的生のある種の形態である。いかなる人間的関係も、あるいは間人間的関係も、家政の外側では演じられえないだろうし、手ぶらで、家が閉じられたままでは、いかなる顔にも接することはできないだろう。〈他者〉へと開かれた家のうちへの集約——歓待性——は、人間の集約と分離の具体的かつ原初的な事実であり、それは絶対的に超越した〈他者〉への〈欲望〉と一致している。選ばれた家は、根とは正反対のものである。家が指し示しているのは一つの離脱〔＝脱拘束性〕であり、家を可能にした彷徨（errance）である。彷徨とは、定住（installation）よりも少ないものではなく、〈他者〉との関係ないし形而上学の余剰なのだ。（TI, 187-188／二五一－五二、強調はレヴィナス）

これは『全体性と無限』のなかで、『真理の本質について』に直接言及することなくレヴィナスが彷徨について語っている唯一の節であるが、それでもレヴィナスがハイデガーにおけるこの概念の使用を引き継いでいるのは明らかであるように思われる[19]。たいていの場合、居住は定住から出発して考えられるのだが、レヴィナスは彷徨をこうした定住の欠損的形態とはみなしていない。ひとは世界に滞在し場所と家を見出すのだが——驚くべき文章であるが——彷徨こそが家における居住を可能にしたのだ！　ハイデガーにおいて、真理が非-真理に基礎づけられていたように、ここでは居住が彷徨に「基礎」づけられている。これは基礎なき基礎づけの関係であると言ってしまいたい誘惑に駆られる。問題となっているのはまさに、彷徨に由来した、一時的で不安定な、確固たる土台をもたない家だからである。

しかし、レヴィナスがこの家を「選ばれた家」と呼んでいるのはなぜか。「暴力と形而上学」ではこの節を引用していなかったデリダは、『アデュー』でこの節に注釈を加え、この家を「選び」の主題に結びつけている。「[…]これは選択された、選ばれた、むしろ割り当てられた、選びの選択によって定められた家であって、自然的な場所ではまったくない[20]」。聖書の用法において、ヘブライ語のbayitはフランス語ではtemple〔神殿〕ともmaison〔家〕とも訳される。たとえば「列王記　下」第二一章第七節の神の言葉をアンドレ・シュラキはこう訳している。「わたしはこの家＝神殿（maison）に、イスラエルの全部族のなかから選んだ（choisie）エルサレムに、とこしえにわたしの名を置く[21]」。ここで問題になっているのは、ソロモンが、父ダヴィデに示された場所であるモリア山に築いた神殿である。そしてこの章句で神は、イスラエルの民が神の戒律とモーセの法の遵守に専念するならば、もはや「イスラエルをその父祖たちに与えた地から迷い出させる（errer）[22]」ことはないとしている。つまりは、長きにわたる民の彷徨を経て居住の場所の選びがあったわけだが、この居住は、法への違反が引き起こしうる新たな彷徨によってつねに脅かされている。『困難な自由』でレヴィナスが述べているように、この点で約束の地の所有は土地の単なる簒奪とは異なる。「所有するとは、つねに受け取ることである。聖書において約束の地は決して、ローマ的な意味での〝所有物〟となることがない。そして初穂の時期に農民が思いをめぐらすのは、彼を郷土に結びつける恒久的な繋がりではなく、アラムの子、一人のさまよい人（*errant*）であった彼の祖先である」(23)。自然的なものとみなされる大地との繋がりのうちに彷徨の痕跡を認めることで、レヴィナスは彷徨が定住に先立つことを示そうとしている。というのも、この土地は、そこに住む者が不正であるときには「彼らを吐き出す」（「レビ記」第一八章二八節）からである。『全体性と無限』の言葉で言うならば、こうした定住が確たるものでも決定的なものでもないのは、他者が「所有を麻痺させ、顔における公現によって所有に異議を申し立てる」（TI, 185／二四九）からであり、他者との関係が「所有された世界を問いに付す」（TI, 189／二五三）からである。〈同〉の基礎としての場所はすでにして追放の地であり、〈同〉の生が始まる家はすでにして「仮庵」なのである。

終わりに、もう一度レヴィナスとハイデガーの関係に戻りたい。思い起こすべきは、彷徨によって可能になる家における居住は、『全体性と無限』においては〈自我〉の成就そのものとして描写されているということだ。〈自我〉は、〈同〉と〈他〉のあいだの形而上学的関係において、もう一方の項から絶対的に分離された出発点である。真の超越に至るために不可欠な根本的分離は、無神論へと、すなわち超越の完全なる忘却へと至る。なぜならば〈同〉と〈他〉とを分離するのは無限の隔たりであり、無限の観念においては「観念されたものと観念を分かつ」この隔たりが「まさに観念されたものの内容となる」（TI, 41／五六）からである。ここから非常に特殊な無神論が生じる。これは有神論の欠損的形態ではなく、自らの収容能力を超えてしまう超越を自分自身のうちに受け入れることのできる存在に生じる、完全に肯定的な出来事であるような無神論である。指摘すべきは、この考えが家における居住に関しても当てはまるということだ。

しかし、分離した存在は自らのエゴイズムのうちに、すなわち自らの孤立の成就そのもののうちに自閉することができる。そして、〈他者〉の超越を忘却すること——なんら咎を受けることなく、自らの家からあらゆる歓待性を（すなわちあらゆる言語を）締め出すこと、〈自我〉が自らのうちに自閉することを唯一可能にした超越的関係を自らの家から締め出すこと——のこの可能性は、絶対的な真理を、分離の徹底性を証拠立てている。分離は単に、弁証法的様態において、自らの裏側としての超越に相関的であるわけではない。分離は肯定的な〔＝措定的な〕出来事として成就するのである。無限との関係は、住居のうちに集約した存在のもう一つの可能性として残り続ける。家の本質にとって、家が〈他者〉に向かって開かれる可能性は、門扉や窓が閉じられていることと同様に本質的なことなのである。（TI, 188／二五二）

ひとは他者に気遣うことなく、閉ざされた家にこもることができるが、家の閉鎖と〈他者〉の忘却というこの可能性は、分離に本質的に結びついている。レヴィナスは続ける。「［…］分離を要求する無限の観念は、無神論に至るまでに分離を要求し、無限の観念が忘却されうるほどに深く分離を要求する［…］。超越の忘却は、分離した存在において一つの偶発事として生起するわけではない。この忘却の可能性は分離にとって必要不可欠なのだ」（TI, 197／二六四–六五）。かくして、家における歓待的居住を可能にする根源的事実としての彷徨は、超越の忘却の可能性、〈他者〉の隠蔽の可能性と対をなしている。ここにハイデガーとレヴィナスの彷徨概念の大きな構造的類似を見ることができるだろう。いずれの場合も彷徨は、隠蔽と開示が同時に生起する契機を指示しているのであり、人間がつねにすでに彷徨のうちにあるかぎりにおいて、彷徨は偶発的な出来事としてみなされてはいないのである。(24)

しかし、『真理の本質について』の注意深い読者であったレヴィナスが、ハイデガーの語彙を継承しつつも彼なりの仕方で論じようとしたことを強調しなければならないだろう。レヴィナスにおいて、根づきは歓待性なき超越の忘却に対応しており、彷徨は超越との「関係」を指し示している。反対にハイデガーにとっては、〈存在〉の忘却が彷徨に結びつくのに対し、四方域における居住が人間の本来的様態とみなされている。このことは、忘却される当のもの（レヴィナスにとっての他者、ハイデガーにとっての存在）の相違に関わるだけでなく、存在忘却としての形而上学の解体を目指すハイデガーと、他者忘却としての哲学を倫理の方へと向け直すレヴィナスという、二つの哲学的企図の相違にも関わっている。ハイデガーの居住思想に対するレヴィナスの厳しい糾弾は、おそらくこの差異を示しているもっとも顕著なしるしであると言えるだろう。

レヴィナスの企図についてのみ言うならば、われわれを忘却から目覚めさせにやってくるのは他者の声であり、他者の闖入である。「コミュニケーションのコミュニケーション」[25]であるようなこの声は、「存在の家」のなかにさえもこだまし、「〈他者〉に世界を語ること」（TI, 189／二五三）を要求し、他者に贈与を行うことを要求する。レヴィナスにおける彷徨は、「存在の住居のなかに物乞いが入り込んでくること」[26]への絶えざる注意だからである。

注

（1） Cf. Emmanuel Levinas, « Le regard du poète » [1956], in *Sur Maurice Blanchot* [1975], Montpellier, Fata Morgana, 1995, pp. 24-25.〔『モーリス・ブランショ』内田樹訳、国文社、一九九二年、三六―三七頁〕

（2） Dominique Janicaud, *Heidegger en France* [2001], Paris, Hachette, « Pluriel », 2005, p. 200.

（3） この点については、拙論 « Levinas et Rosenzweig face au paganisme », *Cahiers d'Études Lévinassiennes*, Institut d'Études

Lévinassiennes, n° 8, 2009 をご参照いただければ幸いである。

（4） Cf. E. Levinas, « Simone Weil contre la Bible » [1952], in *Difficile liberté*, Paris, Albin Michel, 1976.〔「聖書に反抗するシモーヌ・ヴェイユ」『困難な自由』合田正人・三浦直希訳、法政大学出版局、二〇〇八年〕

（5） Jacques Derrida, « Violence et métaphysique » [1964], in *L'écriture et la différence* [1967], Paris, Seuil, « Points-Essais », 1997, p. 213.

（6） レヴィナスにおけるこの概念に関しては、資料の裏付けを伴った優れた論文 Fabio Ciaramelli, « De l'errance à la responsabilité », in *Études phénoménologiques*, n° 12, 1990 が参考になる。

（7） Martin Heidegger, « Vom Wesen der Wahrheit », in *Wegmarken*, GA 9, Frankfurt am Main, Vittorio Klostermann, 1983, p. 188 ; trad. fr., « De l'essence de la vérité », traduit par Alphonse De Waelhens et Walter Biemel, in *Questions I et II*, Paris, Gallimard, « Tel », 2003, p. 176.

（8） *Ibid.*, pp. 193-194 ; trad. fr., p. 182.

（9） *Ibid.*, p. 194 ; trad. fr., pp. 182-183.

（10） *Ibid.*, p. 196 ; trad. fr., p. 186.

（11） *Ibid.*, p. 198 ; trad. fr., p. 188.

（12） M. Heidegger, *Sein und Zeit* [1927], 18. Aufl., Tübingen, Max Niemeyer, 2001, p. 222 ; trad. par Emmanuel Martineau, p. 164.

（13） E. Levinas, « Pluralisme et transcendance », E. W. Beth, H. J. Pos et J. H. A. Hollak (dir.), *Actes du Xe congrès international de philosophie*, Amsterdam, North-Holland Publishing Company, 1949 [Nendeln/Liechtenstein, Kraus Reprint, 1968], p. 382.〔「多元論と超越」『レヴィナス・コレクション』合田正人訳、ちくま学芸文庫、一九九九年、三三七頁〕

（14） E. Levinas, *Le temps et l'autre* [1948/1979], Paris, PUF, « Quadrige », 1998, p. 85.〔「時間と他なるもの」『レヴィナス・コレクション』前掲、二九四頁〕

（15） *Ibid.*, p. 56.〔「時間と他なるもの」前掲、二六八頁〕

（16） Introduction de Martin Heidegger, *De l'essence de la vérité*, traduction et introduction par Alphonse de Waelhens et Walter Biemel, Louvain/Paris, E. Nauwelaerts/J. Vrin, 1948, p. 45.

（17） *Ibid.*, p. 42.

（18） E. Levinas, Compte rendu de Martin Heidegger, *De l'Essence de la Vérité* (traduction et introduction par Alphonse de Waelhens et Walter Biemel, Louvain/Paris, Nauwelaerts/Vrin, 1948), *Revue philosophique de la France et de l'étranger*, n° 4, 1959, p. 562. 強調はレヴィナス。

（19） 残念なことにファビオ・チャラメリの論文（本稿注6参照）は、ここでの彷徨の概念の使用に言及していない。

（20） Jacques Derrida, *Adieu à Emmanuel Lévinas*, Paris, Galilée, 1997, p. 164. 強調はデリダ。

（21） *La Bible*, traduite et présentée par André Chouraqui, Paris, Desclée de Brouwer, 2003, p. 712. 強調は引用者。

（22） *Ibid.* 同じく強調は引用者。

（23） E. Levinas, « Une religion d'adultes » [1957], in *Difficile liberté*, *op. cit.*, p. 33.〔「成年者の宗教」『困難な自由』前掲、二三頁〕強調はレヴィナス。

（24） ミシェル・ヴァンニは両者のこうした近さを詳細に分析している。Cf. Michel Vanni, « Oubli de l'autre et oubli de l'être. Une étrange proximité entre Heidegger et Levinas », Ernst Wolfgang Orth (ed.), *Phänomenologische Forschungen*, Bd. 1, Freiburg/München, K. Alber, 1999 ; *L'impatience des réponses. L'éthique d'Emmanuel Lévinas au risque de son inscription pratique*, Paris, CNRS Édition, 2004, pp. 82-90.

（25） E. Levinas, *Autrement qu'être ou au-delà de l'essence* [1974], Le Livre de poche, p. 189.〔『存在の彼方へ』合田正人訳、講談社学術文庫、一九九九年、二七六頁〕

（26） E. Lévinas, « Paul Celan. De l'être à l'autre » [1972], in *Noms propres* [1976], Le Livre de poche, p. 50.〔『固有名』合田正人訳、みすず書房、一九九四年、六一頁〕強調はレヴィナス。

重力と水
――レヴィナスのエロスと体が動かない人の介護――

村上　靖彦

1　限界の人間としての「女性」

レヴィナスにおけるエロスの位置づけ

『全体性と無限』第四部で展開された「エロスの現象学」は、この本だけでなくレヴィナスの作品全体を見渡しても特異な位置を占めている。(1) この概念についていくつかの特徴を挙げてみよう。

（1）年代的にみると、レヴィナスにおいて他者の問題は、捕虜時代にまずエロスとして発見されたことが、近年出版された『全集』第一巻の「捕虜ノート」からわかる。そしてこの時期から『エロス』という題の小説を計画していた。(2)

（2）『全体性と無限』の議論構成から見ると、全体化に抗する「分離」がこの本の半ば弁証法的な議論を駆動しているのだが、エロスと繁殖性は「死」という全体化の暴力を乗り越えるために要請されている。死は倫理的な主体が実現したはずの分離（個別性）さえも消し去るのであり、それをさらに乗り越えるためにエロスと繁殖性は要請される。倫理はこの本の最終的な到達点ではないのである。全体化に対抗するためには、倫理だけでなくエロスが必要なのだ。

(3)『全体性と無限』をもう少し詳しく見ると、倫理についての議論は、住居とエロスという二種類の女性性についての議論に挟まれている。住居は、非人間的な「ある」と境界を接する素朴な享楽を遠ざけるのに対し、(3) エロスは死という危険と境を接する。この二種類の女性性が、「ある」と死という非人間性から距離を取りつつ人間的なものの領域を挟み込んで確定するのである。この範囲内で居住可能な世界が収まる。このことは含蓄を持つ。エロスが非人間的なものと境を接するということは、エロスは生と対人関係の限界に触れるということでもある。議論の構造上は、限界に触れるということが大事なので、エロスが性的なものに限定される必要はない。以下では、体がまひしてゆく重度の病いをもつ患者との関係を例に取り、レヴィナスがエロスの概念で取り出そうとした現象に、普遍的な位置づけを与えることを試みたい。

他者性の本質としてのエロス

エロス的関係を特徴づける女性的なものとは、生物学的な属性でも社会的なジェンダーでもなく、むしろ他者性そのものの本質である。

女性的なものは男性的な存在に対する他者であるが、単に質的に異なるからではなく、他者性がある意味で女性的なものの本性だからである。エロス的な関係においては、他人における他の属性が問題になるのではなく、他人における他者性という属性が問題になる。(4)

女性的なものとは他者性そのものである。しかし無意味性と境を接するのがゆえに、ラディカルな他者性である。エロスは、意味を伝達するコミュニケーションの手前で生じる対人関係である。それゆえに「女性的なものは、何らかの人格としての他人以前の他人である。［…］純粋な他者性」(5)なのである。女性的な他者性の本質は「秘密」(TI, 287／三七八)あるいは「神秘」(6)として特徴づけられる。この神秘を認識の問題と考えてはいけないのだが、(7)ここで二つ可能な読み方がある。

可能なものの彼方としての女性的なもの

まず、神秘は「可能なものの彼方」(TI, 292／三八五)(8)と関わる。エロスの現象学は、レヴィナスの芸術論と並んで、(9)可能世界に関する特異な議論を展開することになる。

他者性との関係、神秘との関係、すなわち未来との関係［…］。あらゆる可能事が不可能であるときにもなお、できることがもはやないときにもなお、主体はそれでもエロスによって主体なのである。愛は可能性ではない(10)［…］。

エロス的な他者は私の可能性の地平を超えるがゆえに、神秘となる。レヴィナスはフッサールの「私はできる」(TI, 289／三八一)概念も参照している。この文脈では、「可能なものの彼方」とは、(フッサール的には矛盾するが)超越論的な主観性の地平の外側を示すことになる。しかしながら、そもそもレヴィナスの可能性概念はフッサールのものとはずれる。フッサールにおいて「私はできる」は志向的自我が持つ運動感覚の地平であるが、レヴィナスはハイデガーを念頭に置いているため世界のなかで労働する自我の能力を示すために使う。二点補足したい。

まず、可能なものの彼方は、私の可能性のなかに書き込まれる。レヴィナスが一九四七年にプルーストを論じたとき、記憶がこの世界を二重化するおかげで、プルーストにおいては世界が内在化されるという仕組みに興味をもっていた。

> 思考が背面の思考によって二重化されるように、行為は予見不可能な意図を持つ「背面の行為」によって二重化される。そして事物もまた思いがけない展望と次元のなかで「背面の事物」と二重化される。プルーストの世界における真の内在化がここにある。(11)

ここでは「矛盾するものの共可能性(12)」が問われている。可能なものの彼方あるいは矛盾するものの共可能性は人間の本性に属し、エロスはそれを発見するための特権的な手段なのだ。人間は常に矛盾するもの同士が共存する可能性に貫かれている(13)。人間の多様性は形式論理学を乗り越えるものである。「空虚であると同時に汲みつくすことのできない他人の他者性に対する好奇心(14)」が、「現実の多様性(15)」を開示するのだ。女性は、私とは異なる他の可能性であるがゆえに私の可能性を超えるというわけではない。そうではなく、女性は私の地平のただなかにおいて矛盾するものが共存する可能性を明らかにし、この発見は女性が「可能なものの彼方」であることに由来するのだ。

なぜ女性的な他者性が可能なものの彼方なのだろうか。それは女性的な他者がそれ自体どこか非人間的なもの、人間の可能性を超えるものを含むからである。可能なものの彼方とは、別種の可能性のことではない。愛された女性は自分自身の可能性は持たない。私にとっては息子（息子は可能性を持つ存在としての男性的存在である）が、別種の可能性である。もしも世界のなかの可能性全体に穴が開いているとしたら、女性としての他者がそれである。女性はいかなるものであれ、可能性の外にある。

しかしながら問いが一つ残る。なぜ可能なものの彼方としての女性との出会いが「矛盾するものの共可能性」や「現実の多様性」を私のなかに発見させるのであろうか。この点について、レヴィナスははっきりした回答を与えていないようだ。

ラディカルな他者性としての物質性

女性の秘密に関する二つ目の説明が本論の核となる。(16) 愛された女性の脆弱さあるいは傷つきやすさは、生と死の境界、生命と物質の境界を意味するのである。レヴィナスは、女性は極度の物質性であるという。

極度の物質性は、月面の風景のような岩と砂の堆積における、人間的なものの単なる不在を指し示しているわけではないし、廃墟と傷のなかで、砕けた形がぽっかり口を開くことで、ことさら強調されるような物質性でもない。極度の物質性は、〔女性という〕法外な現前における露出狂的な裸出を指し示す。顔の率直さよりも遠くから到来するかのようであり、すでに冒瀆しつつ完膚なきまでに冒瀆され、秘密の持つ禁忌に対して無理強いをしたかのようである。（TI, 286-287／三七八）

女性の身体の物質性は他者への暴露としての極度の物質性である。極度の物質性は単純に「人間的なものの不在」を意味するのではなく、同時に「露出狂的な裸出性」にいたる人間的なものの過剰を意味する。人間の人間らしさが身体の物質的な側面の裸出に由来するというのだ。

> コンタクトとしての愛撫は感受性である。［…］愛撫は何も摑まない。愛撫は絶えずその形から逃れて決して十分には未来ではないような或る未来へとゆくものを促進する。未だないかのように逃れてゆくものを助長するのである。（TI, 288／三七九-八〇、強調はレヴィナス）

物理的な接触のない愛撫というものはない。愛撫は同時に物としての身体との関係であり、極度の物質的な他者性との関係でもある。しかし愛される女性の物質的な身体を目指しつつも、主体は決してその他者性の核に到達することがない。エロス的で物質的な関係のなかで、女性的な他者は常に逃れゆく。同時に、まさにこの物質性と他者性の両義性ゆえに、愛撫は単なる知覚的対象への志向性ではない。物質と人間のあいだのゆらぎゆえに、愛撫は言語的な（そして非言語的な）コミュニケーションのなかの他者性とは別種の「他者性」に触れるのである。おそらくここにはレヴィナスだけが捕まえた現象がある。物質的な身体との関係は、日常の他者との交流では隠されている、還元不可能でプリミティブな他者性を明らかにする。[17] レヴィナスは右のの引用箇所でこのプリミティブな他者性のことを「崇高な糧」と呼んでいる。レヴィナスにおいて「糧」とは、もともとは志向的な認識対象ではなく、享楽される事物のことである。エロスにおいては愛撫という仕方で、あたかも他者をパンと同じように享楽するが、しかしそこに同時に崇高が生じるかのようである。コミュニケーションとはいかなる関係もない享楽と崇高を伴う間主観性があるのである。逆説的だが、他者性の本質が他者の人格でも生きた身体性（*Leiblichkeit*）でもなく、その物質性（*Körperlichkeit*）にあるかのようである。レヴィナスが「極度の物質性」という言葉を使うのは、物質性を経由してこそ死の淵にある他者のプリミティブな生にほかならないこの種の他者性に触れるからである。

死の淵の他者

処女は捉えがたく、殺人なしに死につつあり、気絶し、自分の未来へと退き、予期によって約束されるあらゆる可能なものの彼方にとどまり続ける。「ある」の名もないざわめきのような夜の傍らには、不眠の夜、隠されたものの、密かなものの、神秘的なものの夜の背後には、エロティックなものの夜が広がる。（TI, 289／三八一）

この引用はとりわけ重要である。エロスのなかでの他者は死と「ある」の淵にある。そもそも「ある」とは有意味な事物と他者が消失する経験である。糧の享楽が「ある」の脅威に転ずるのとおなじように、エロス的享楽は容易に死に転ずる。女性の脆弱さは経験的な描写ではなく、無意味と死の淵にある人間存在に関する現象学的な概念なのだ。エロスの現象学は、死につつあるものへの関係のもつ特別な構造を記述する。レヴィナスは間主観性の限界のひとつに触れている。

①女性との関係は社会的な関係には連なっていない。(18) この関係は言語的なコミュニケーションとも、表情によ

る感情伝達のような非言語的なコミュニケーションとも関係がない。このような関係は、極限の状況でのみ経験的には露出する。少なくとも、他の現象学の文献では登場したことがないような、特異な他者性との接触を指し示している。

②このようなエロスは身体の物質性を通過する関係であり、そこで死すれすれの生に関わるプリミティブな他者性を開示する。

③女性的なものは可能性を持たないものである。この地平において共可能的なものを捕まえないといけない。以上のレヴィナスの議論を補強するために、ここでは重たい障害を伴う病のケアを事例に考えてゆく(19)。

2　重力と水——ALSと身体の現象学

コミュニケーションの基層についての問い

筋萎縮性側索硬化症（ALS）は全身の筋肉を動かすことができなくなり、次第に呼吸困難から最終的には眼球運動の停止にいたることもある神経難病である。眼球運動が可能な場合、あるいはどこかの皮膚を動かせる場合は（文字盤やスイッチ経由で）コミュニケーションが取れるが、全身の筋肉が完全に停止した状態ではその可能性も失われる（現在は脳波のオンオフから直接サインを読み取る方法も開発されつつはある）。このように完全に運動が不可能になった状態は閉じ込め症候群（locked-in state：完全な閉じ込めはTLS）と呼ばれる。重度の自閉症児や植物状態患者との決定的な違いは、ALSの場合、運動が不可能であるために意思伝達の手段を持たないが、（ある時期までは）意識はありかつ、周りの人の声を聴きとっているということである（逆に、植物状態患者の場合は、伝えるべき意思を持っているのかどうかはわからないが瞬目がみられる。あるいは重度の自閉症児の場合は身体機能に問題はなくても、そもそも他者の存在というものを知らない可能性がある）。患者が表出手段を全く持たないＡＬＳにおいて問題になるのは、（患者はどうしようもない以上）患者ではなく介護者の側がいかなる関わりを持つのかということである。さらには誰もが家族の介護をする可能性がある以上誰もが可能性として持っている能力が問題になる。

本論では、閉じ込め症候群の患者を介護する人が、そのコミュニケーション不可能性にもかかわらず実現しているコンタクトについてその構造を考えたい。ここでは介護者の手記を分析するという形をとる。主に例にとるのは川口有美子の『逝かない身体——ＡＬＳ的日常を生きる』である。本書はＡＬＳを発症した著者の母の自宅介護の記録である。著者の母は一九九五年にＡＬＳを発症、遅くとも一九九六年には人工呼吸器を装着、一九九九年に瞼が動かせなくなる閉じ込め症候群の状態に陥ったものの長期間小康状態を保ち、二〇〇七年に自宅で死去している。ということは七年以上の長期間にわたって患者からの能動的な意思伝達の方法がない状態で看護が続けられているのである。

まひする身体の重さ

コミュニケーション以前の対人関係について論じる前に、川口の著書を通して明らかになる身体の現象学にとっての新たな知見を確認したい。この確認はあとで身体とのコンタクトがテーマとなるので必要となる。先回りして補足すると、レヴィナスが極度の物質性と呼んだエロスにおける「女性」の身体を、「女性」の視点から内側から記述する試みである。レヴィナスがアルベルティーヌを眺める語り手の視点から記述した極度の物質性を、アルベルティーヌの視点から描き直すということである。ALS患者の身体においては物質性が前面に立ってゆく。それゆえALSの介護は物質性を介した対人関係を表面化する。

なかにはめっぽう我慢強い人もいるが、彼らに共通する最大の関心事は、その身体の重みをどうやってやり過ごすか、だ。だから彼らは夏のガーゼの上掛け一枚でも、不当な重力として感じさせないですむ工夫を求めてやまない。[…]体躯から遠い手足の位置は、ことのほか気になるようだ。[20]

ALSの初期は体力の消耗が激しいので、母の体温も高かった。リクライニング式車いすの背もたれは楽でも、背中はすぐに汗でびしょびしょになる。[21]

[…]〔ヘルパーの〕豊浦保子さんは、意思疎通ができない身体環境にも慣れてしまった患者たちの話を〔患者の〕松井さんにした。そして、いずれは筋肉の張りや痛みもほとんど感じなくなると本人に言った。[22]

ALSにおいては、「自分の身体が重量を持つ」という当たり前であるが健康なときにはめったに意識しない事実に気づくことになる。動かそうとしても容易に動かない身体は安静時でさえ重さとして感じられる。ところが完全に運動が不可能になるともはや重さを感じなくなる。このことは何を意味しているのであろうか。

ALS患者が感じる重さは、運動感覚に実際の運動が伴わないという不均衡、それゆえに、動いているつもりが実際にはそれほど動いていないという不均衡、つまり運動感覚に実際の運動が伴わないという不均衡の反映である。外的な事物が抵抗するのではなく思うように動かない自分の身体が抵抗の源になるという現象であるといえる。このとき抵抗として現れる自分の身体が外的な事物となる。安静時でさえ患者は自分の体の重さによって疲労し汗をかく。それは、筋力が弱くなるなかで微細な運動においても体感上は大きな力を使っているということであろう。さらに身体が完全に外部化したとき、もはや身体は努力が働く場（内的抵抗としての身体）ではなくなる。このときはもはや重さを感じなくなるのである。

フッサールの記述のなかに*Leib*, *Leibkörper*, *leiblich Körper*, *körperlich Leib*といった様々な区別の難しい身体に関する用語法があることからわかるとおり、健康な状態においては事物としての肉体（*Körper*）と体験としての生きる身体（*Leib*）とがはっきりとしない仕方で浸透し合っている。体験としての運動感覚と、知覚される事物としての身体とを截然と区別することはできない。ＡＬＳにおいては生きる身体と事物的身体が分離される。そして、運動感覚と実際の運動が乖離するなかで、生きる身体が消失してゆく。

重さの感覚において、事物としての身体が生きる身体から離脱してゆく。重さとして感じるとき、重たい体は、運動感覚に対する抵抗として現出する。重さとして感じていなかったときには、事物的身体は生きる身体の背後に隠れて目には見えないのだった。重さとして感じるとき初めて事物としての身体はもはや体験を支える背景ではなくなっている。逆に言うと、重さとは外部化してゆく事物的な身体を生きる身体の体験へと繋ぎ止める境界面である（このことは運動感覚が知覚の透明な媒体であったことと連続している。生きる身体と身体の物体的側面が調和しているときには重さを感じない）。体の重さは自己と非自己の境界面であり、自分の物的身体が非自己化してゆく局面を示している。重さがないときには事物的側面も自己の一部なのである。

事物としての身体が非自己化するときに、体験野である生きる身体（*Leib*）は知覚世界とも切断する。運動感覚を媒介として世界に投錨し、世界のなかで行為をしてきた生きる身体にとって、運動感覚と世界とが分離しつつあるときに、両者の境界面が重さとして感じられているのであり、重さがなくなるときは両者の接点が消えるときである。メルロ＝ポンティが、身体を常に物質面と体験面の両義性において捉え、この両義性ゆえに世界と身体とのあいだで知覚という関係が成立していると考えたことを思い出してもよいであろう(23)。病で身体が重くなるときは、物質面と体験面が切り離される。もはや動かすことが出来ない自分の事物的な身体が、体験にとって最初の外的世界となる。それゆえ動きを通して世界へと関わることは出来ない。重さは消えゆく生きる身体の痕跡であり、重さが消えるときに生きる身体も消える。身体が完全に外部化したときには身体の周囲の世界とのコンタクトは不可能になる。最後に重さを感じなくなる状態が、運動感覚を媒介として身体と世界が連関する仕組みがなくなったときである。連関がなくなるともはや重さはない。

水の物質性と精神性

動くことがままならなくなって身体が外部化するときに重力とともに際立ってくるものに水分がある。水分には二つの側面がある。まず重力によって上から下へと流れ続けることで身体の物質性を際立たせる。次に、体を動かすことができなくなった患者にとって最後まで情動や意思を伝えるインターフェイスとなるのが涙や汗といった水分なのである。水は物質性と精神性という二つの異質な現象を共に強調する。

唾液や鼻水だけでなく体内の水も循環する。それゆえ上半身を多少起こすほうがよいし、体位も頻繁に変える必要がある(24)。鼻からの吸引を行わないと停滞して中耳炎になる(25)。口蓋がまひするためにＡＬＳの患者の唾液は飲み込まれることなく外に流れ出る(26)。尿は１．５リットル、唾液が一日１リットル外に出るので、水分補給も重要になる。口にガーゼを挟んでおく人、吸引装置や唾液をためる専用のエプロンを使う人もいる。尿は尿道カテーテルを用いて排出されるが、膀胱の硬化を防ぐためにときにピンチで挟んで尿をせき止める。[27] 意図に反して流れ、意図に反して停滞することで、今まで体の一部だったはずの水の物質性が際立つのである。

健康な人の体験において身体を循環する水の存在がそれとして意識されることはほとんどない。のどが渇くから水を飲むのであって、水分の流出を計測して補給するわけではない。[28] 健康なときは水分の物質性において体験に前景化するわけではないのである。水という環境は体験の背景へと潜在化しつつ体験を支える。この潜在性は事物的な身体と生きる身体との裏表の関係の良い指標である。事物的身体と生きる身体は、健康なときは一方から他方を見ることは出来ないままに浸透し合っている。これに対し、ALSにおいては水が体験野のなかに〈外部〉として露出する。このとき事物的な身体と生きる身体は一緒にくっついて作動することをやめる。重さや水を通して明らかになる身体の外部化は、逆説的だが意識へと自分の身体の物質性が登場することでもある。健康なときには体験に登ることなく体験を下支えしていた潜在性が、支えることをやめて対象として体験されるのである。水の循環は、外部化して物体化・自然化した身体の目印あるいは生きる身体と事物的身体の乖離の目印となる。[29]

3　ゆっくりした対話

しかしながら水は身体の自然化の象徴であるとともに、コミュニケーションする身体の最後のインターフェイスでもあるという両義性を持つ。次の初めの引用は、川口の母が瞼《まぶた》をも動かせなくなって完全な閉じ込めの状態になった瞬間、次は閉じ込め症候群に陥った直後の母の様子である。

> 私は朝から何度も瞼に張ったスイッチの位置を調整していたが、母はとうとう瞼を一ミリも動かせなくなっていた。母は目を閉じて押し黙ったまま努力することを諦めた。
> 私はその瞼の皮膚から、アルミニウムの小片とピンセンサーをそっとはがして、電気コードと一緒に丸めてベッドわきのタンスの引き出しにしまった。［…］母の閉じた瞼のあいだからも、幾重にも涙の筋が流れ落ちていた[30]。

> 誰もそばにおらず数分ほど時間が経過してから母の顔を覗き込んでみると、いく筋も涙を流した形跡があったりする。この涙が心理的なもので何を訴えているのか、それとも生理的な欲求なのか、身体のどこかが痛かったり痒かったり動かしてもらいたかったりすることの訴えなのかは、親しい介護者でなければわからない。患者のすべては受け取り側の感受性にゆだねられているのである[31]。

涙はある意味で（随意運動ではないかもしれないが）感情を直接的に表現する、閉じ込め症候群においてもなお可能な意思表出の手段である。このことは言語や身ぶりによる随意的なコミュニケーションの手前で成立するコミュニケーションがあることを示している。

たしかに患者の瞼から流れるのが生理学的なプロセスとしての涙なのか、感情表現としての涙なのかを決定する客観的な手段はない。しかし涙のあいまいさにもかかわらず「親しい介護者」は両者を区別し、患者の意思を読み取ることができるという。このような「あいまいな」コミュニケーションの仕組みが、以下の議論の主題となる。水の外部化が含意する身体の非自己化においてなお、「対話」が生じるという逆説をここでは確認したい。そして涙以外にもっと物質的な手段で「対話」が成立することになる。

レヴィナスに引きつけて考えるならば、コミュニケーションの媒体であることを身体がやめるとき、その物質性が際立ちつつも物質には還元し尽くすことができない。このような身体のあり方のことを彼は極度の物質性と呼んだのではないだろうか。物質性を通してなにがしかのコンタクトが生じる。もはや意思を伝達することはできないのだからこれはコミュニケーションではない。しかし何かのコンタクトである。レヴィナスはこれをエロスあるいは愛撫と呼んだのではないだろうか。

そしてもう一つ付け加えることができるのは、ＡＬＳの患者はみなしばらく前まで普通に生活を送っていたどこにでもいる人だということである。つまりこのような極度の物質性は誰の体のなかにもひそんでいる可能性、人間の基層なのである。

水分を媒介とした対話

生きる身体と事物的身体の分離によって感情表現や意思表示が不可能になったときに、それによって逆に際立つ対話が以下の主題となる。つまりエロスの現象学という形でレヴィナスが記述した、コミュニケーションなきコンタクトの具体的な記述として閉じ込め症候群の患者の介護の記録を読んでいきたい。

〔一九九九年に瞼が動かなくなって〕母との言語的会話は二度と成立しなくなったものの、その後も母の身体は自由自在に語り続けた。自分で瞬きができなくなり、ずっと目を閉じておくことにしてからは、しばらくは血圧も乱高下し、動悸はかなり早く一分間に一二五、時には一五〇にまで跳ね上がった。身体の内側では伝えたいことが伝えられないために大変なストレスが続いていて、驚いたり痛かったりすれば顔は赤くなり、私たちの話に反応して涙もとめどなく流れたりした。
〔その後二〇〇〇年に落ち着いてからは〕私たちは観察力を高めていき、母の気持ちをデータから想像したのであるが、それは本格的な身体的対話の始まりでもあった。(32)

この急激な顔色と血圧の変化は、患者の側でも「ゆっくりとした」コミュニケーションに慣れる必要があることを示している。患者はそれまでの言語や感情表現による伝達を行いたいが、もはやそれがかなわないために大きなストレスになっているが、これは過渡的な現象である。こうして、別のタイプの対人関係が成立することになる。(33)

病人に寄り添っているだけでも、一日のうちに様々な汗をかいているのに気が付く。〔…〕また心理的なこと、焦りとかストレスで発汗している場合がある。発汗には質的な違いもあるから見逃せない。〔…〕汗だけでなく、顔色も語っている。これは健康な時とそう変わらない。運動神経疾患の人は表情が硬くなるので感情まで失われたように思われてしまうが、動かぬ皮膚の下の毛細血管は、患者の意識と生き生きとした情感がここにあることを教えてくれる。(34)

涙のように直接的に感情を表現するだけでなく、気分や体調の変調は汗や血圧や顔色の変化として表現される。汗だけでなく血圧や顔色もまた血流という水の流れによって生じるものであるからやはり水が媒体となっている。水は、顔色の変化から体調や気分を類推するというようなゆっくりとした「対話」のツール、インターフェイスとなるのである。この「ゆっくりとした」という形容は、事象の本質を名指すカテゴリーである。言語や身ぶり表情のように、意思を即座に伝達する通常の「すばやい」コミュニケーションとは異なる様式が要請されている。意思を伝達するコミュニケーションではないが、相手との関係が生じている。

比較的に「すばやく」感情が伝達される涙は別にしても、脈拍や血圧や顔色の変化は直接に患者の思考を伝達するものではない。（場合によっては患者の意図とは無関係に）介護者の読み取りのプロセスを通して成立するような何らかの「意味」である。「ゆっくりとした」対話においては、対話とは思考や感情の伝達であるという先入見を捨てる必要がある。「母の気持ちを血圧データから想像」するときには、意思伝達とは異なる種類の記号の読取に基づいた伝達が実現している。

健康な人のコミュニケーションすなわち表情の読み取りや視線の感受あるいは感情移入は、知覚を媒介としつつも事物知覚とは異なる水準で現象が生じる（経験科学に照らすと、感情移入であればミラーニューロン系、視線の感受であれば紡錘状回などといった事物知覚とは区別される固有の脳神経の作動を伴う）。現象学が議論してきた様々な対人関係の様態もすべて知覚以外の水準で生起するものであった。ところが身体ケアを媒介としたALSの介護は、物体そのものとのコンタクトのなかで対人関係を実現する。事物知覚がそのまま対話となる。この水準のコンタクトのことを、レヴィナスはエロスあるいは極度の物質性と呼んでいた。

生に触れる

体が完全にまひする閉じ込め症候群の現象学的な定義は、「すばやい」コミュニケーションすなわち、表情を読み取るようなノンバーバル・コミュニケーションまでも使えない状態ということになろう。すなわち空想の共有を媒介する合図が不可能になった状態である。橋本操が「根性がないから閉じ込め症候群になる[35]」と語るのは、この合図を作り出し読み取ることは限りなく可能である、というメッセージでもあろう。

とはいえ現在の医療技術ではまだ閉じ込め症候群は避けられないことがある（近い将来に技術進歩によって克服される可能性はあるが）。そして閉じ込め症候群に陥り、さらに眼球運動までもが止まってしまっても「対話」が途絶えることはない。絶対的な沈黙の世界は存在することがない。つまり「ゆっくりとした」対話は可能である。

> 私があれほど心配していた絶対的な沈黙の世界は、母の病気がどれほど進行しても訪れることはなかった。病んで静まった身体との対話は、活発に、そして最期まで続いたからだ。[36]

こうして顔色や汗、血圧などを通して関係をとることになる。この閉じ込め症候群における「ゆっくりとした対話」は、知覚的空想を使った即座に通じるコミュニケーションとは異なる経験である。身体的な介護がそのまま対話になる。

このとき二つのことが露わになる。一つはあらゆる夾雑物をそぎ落とした「生そのもの」が露出する。もう一つは精神ではなく物体としての身体への関わりにおいてまさに相手の生と関わることになる。

病気に関して与えられる情報がどんなに悲惨で、突き放されるように聞こえたとしても、その身体が温かいうちは何かしら手の打ちようがあるというものだろう。死だけが不可逆なのである。生きて肌にぬくもりが残るあいだは改善可能性が、希望が残り続けている。[37]

ここで「手の打ちよう」と言われているものは何も高度な医療技術のことではない。川口の母の介護の場合は、心臓が弱まった時にお湯で足を温めるというような身体のケアである。[38] 医療器械や薬を媒介とした介入ではなく、自らの手で直に患者の肉体（*Körper*）に関わり続けることが問題となっている。暖かい身体に触れることがゆっくりとした対話の極にある。これがレヴィナスが愛撫と呼ぶところのものである。

脳は人間の臓器のなかで最も重要で特別な臓器と思われているが、母は脳だけでなく心臓も胃腸も肝臓も膀胱も同じように委縮させ、あらゆる動性を停滞させて植物化しようとしている。[…]

そう考えると「閉じ込める」という言葉も患者の実態をうまく表現できていない。むしろ草木の精霊のごとく魂は軽やかに放たれて、私たちとともに存在することだけにその本能が集中しているという風に考えることだってできるのだ。[…]

ここからは簡単だった。患者を一方的に哀れむのをやめて、ただ一緒にいられることを尊び、その魂の器である身体を温室に見立てて、蘭の花を育てるように大事に守ればよいのである。[39]

社会的な関係をすべてそぎ落としたときに残るのが、「植物」と川口が形容する生である。これは植物状態のことではない。人間の視点を捨てない現象学にとって、身体機能が落ちて運動と意思表示が完全に不可能になったときにも残る「生」の核である。この生は介護者にしか感じられない。患者自身も感じてはいない。つまり生の現象学的な基層としての〈人間のなかの植物〉は、触れる他者に対してしか、エロスとしてしか現れないのである。限りなく事物に近づいた身体に触れるときに逆説的に生そのものが露出することになるのである。人間のなかに植物があるのである。

先ほど述べたように発汗や顔色、血圧を媒介として「ゆっくりとした」対話は可能であるとしても、もはや言語や身ぶりを媒介とした意思の交流としてのコミュニケーションは可能ではない。介護者は身体のケアに専念することになる。発汗や血圧への応答も身体のケアである。とすると身体への事物的な関わりがそのままある種の対人関係になることになる。

少なくとも現象学における様々な他者論は、人間が事物とは質的に異なる存在であることを強調してきた。場合によってはサルトルのように、視線が相手を対象化することで疎外すると述べる場合もあったが、これも人間が本来事物とは質的に異なるという区別を前提としている。ところがレヴィナスそして川口が明らかにしているのは、他者の身体に対して事物として接することでまさにある種の対人関係が成立するという事態である。このとき介護者は通常の意味での思考を伝達するコミュニケーションを取ろうとはしていない。もちろんALSに限らずあらゆる介護と看護において、(保清や姿勢の保持、様々な数値のチェックなど)事物としての身体に対する関わりが重要になるのでこの議論は普遍性を持つ。

直接的なコミュニケーションを断念して身体のケアに集中したときに、その対事物的な関わりにおいて生が露出するかのようである。「生きているように感じられる」というのが対人関係の最後の審級なのであろう。とすると現象学的には植物状態や脳死は「生」が露出する現象であることになる（当然、「生の経験」においてはそもそも自然科学のエビデンスは全く問題にならない）。「生きているように思える相手の身体に触れる」「触れると生きているように思える身体」が、今回の議論で概念化された現象である。現象学にとっての「私の生」「生一般」はおそらく議論のしようがない（アンリの意見とは反対だが）。しかし相手の経験においてこそ「生」が現出するのである。それゆえレヴィナスのエロスの現象学とは、生の現象学でもあるのである。

＊本稿の元になった発表は、「重力と水——ＡＬＳ介護におけるコミュニケーションなき対話」日本質的心理学会研究会（二〇一一年三月五日キャンパスプラザ京都）および国際シンポジウム « Totalité et infini, une œuvre de ruptures » における発表 « De l'intersubjectivité à la limite – «Phénoménologie de l'Éros » et l'état végétatif. »（二〇一一年五月一三日パリ、東方イスラエル師範学校）である。

注

（1） レヴィナスは公刊されたテキストでは四回、愛の主題について語っている。「時間と他者」第四章（一九四七年口頭発表）、「プルーストにおける他者」（一九四七年）（『固有名』所収）、『全体性と無限』第四部（一九六一年）、『倫理と無限』第五章（一九八一年ラジオ放送）である。しかし『全集』第一巻の捕虜時代のノートによってすでに捕虜時代にこの主題を思考していたことが明らかになった。

（2） 最近『エロス』の草稿を含む全集第三巻が刊行されたが、本論執筆時には参照できなかった。Emmanuel Levinas, *Œuvres* 3, *Eros, littérature et philosophie*, Paris, Grasset, 2013.

（3） 住居については拙著『レヴィナス——壊れものとしての人間』（河出書房新社、二〇一二年）第六章で論じた。

（4） E. Levinas, *Éthique et Infini. Dialogue avec Philippe Nemo* [1982], Le Livre de poche, p. 57.〔『倫理と無限』西山雄二訳、ちく

ま学芸文庫、二〇一〇年、八〇頁〕

（5） E. Levinas, *Œuvres* 1, *Carnets de captivité suivi de Écrits sur la captivité et Notes philosophiques diverses*, Paris, Grasset/IMEC, 2009, p. 76.

（6） 「プルーストにおける神秘とは、他者の神秘である」（*Noms propres* [1976], Le Livre de poche, p. 120. 〔『固有名』合田正人訳、みすず書房、一九九四年、一六一頁〕）。

（7） 「予見不可能性が他者性の形式となるのは、認識との関係においてのみである。認識にとっては、他者とは、本質的に予見不可能なもののことである。しかしエロスにおいては他者性は予見不可能性の同義語ではない。愛が愛であるのは、知の失敗としてではない」（E. Levinas, *Éthique et Infini*, *op. cit.*, p. 59. 〔『倫理と無限』前掲、八二頁〕）。

（8） Cf. *Ibid.*, p. 63. 〔『倫理と無限』前掲、八八頁〕

（9） 「詩は女性的な生をリズムに置き換える」（TI, 295／三八八）。レヴィナスにおいては、女性と芸術作品のあいだに、（形態の剥奪と、「ある」への近さ、融即といった点で）存在論的な類似性がある。

（10） E. Levinas, *Le temps et l'autre* [1948/1979], Paris, PUF, « Quadrige », 1998, pp. 81-82. 〔「時間と他なるもの」『レヴィナス・コレクション』合田正人訳、ちくま学芸文庫、一九九九年、二九一頁〕

（11） E. Lévinas, *Noms propres*, *op. cit.*, p. 119. 〔『固有名』前掲、一五八–五九頁〕

（12） *Ibid.*

（13） 「共可能性」という概念はおそらくジャンケレヴィッチの *L'Alternative* に由来する（Levinas, *Œuvres* 1, *op. cit.*, p. 68, 154）。

（14） E. Lévinas, *Noms propres*, *op. cit.*, p. 121. 〔『固有名』前掲、一六二頁〕

（15） *Ibid.*, p. 122. 〔『固有名』前掲、一六四頁〕

（16） 「愛は〈他人〉を狙う。〈他人〉をその弱さにおいて狙う。［…］柔和なもののあり方は、極度の脆さ、傷つきやすさにある」（TI, 286／三七七、強調はレヴィナス）。

（17） 「愛におけるコミュニケーションの失敗として提示されるものは、まさに愛の現実性（positivité）を構成している。他者の不在こそがまさに、この他者の他者としての現前なのだ」（E. Levinas, *Le temps et l'autre*, *op. cit.*, p. 89. 〔「時間と他なるもの」前掲、二九九頁〕）。

(18)「官能のなかで愛する二人のあいだで作られる関係は、普遍化に対して徹底的に抗するのであり、社会的関係とは真っ向から対立する。この関係は第三者を排除し、親密さ、二人のなかでの孤立、閉じた社会、卓越した非公共性にとどまる。女性的なもの、それは〈他者〉であり、社会に抗する〔…〕」(TI, 297/三九一)。

(19)「病はすでにして表現する運動と生物学的運動のあいだの隔たりであり、すでに医療への呼びかけである」(E. Levinas, *Dieu, la mort et le temps* [1993], Le Livre de poche, p. 20〔『神・死・時間』合田正人訳、法政大学出版局、二〇一〇年、一六頁〕)。

(20)川口有美子『逝かない身体――ALS的日常を生きる』医学書院、二〇〇九年、一一〇頁。

(21)同前、一七七頁。

(22)同前、二一九頁。

(23)Maurice Merleau-Ponty, *Phénoménologie de la perception*, Paris, Gallimard, 1945, pp. 404-407.

(24)川口有美子『逝かない身体』前掲、一三三頁。

(25)同前。

(26)同前、一四八頁。

(27)同前、一五三頁。

(28)同前、一五二頁。

(29)人工呼吸器や経管栄養、尿カテーテルなど身体に装着されるさまざまな器具もまた両義的な意味を持つ。生理学的な事物的身体の機能を維持することで身体の一部になるとともに、事物的身体が外部化してゆくことの指標でもあるからである。

(30)川口有美子『逝かない身体』前掲、五六頁。

(31)同前、一三六頁。

(32)同前、一七四-七五頁。

(33)既存の哲学の議論で上述の現象に最も近いところを狙っているのは(現象学研究者には奇妙に聞こえると思うのだが)フッサールの指標(*Anzeichen*)であろう(E. Husserl, *Logische Untersuchungen* [1913], II/1, Tübingen, M. Niemeyer, 1993, §8)。指標は、火星の運河が宇宙人の存在の「指標」となるような、知覚的な事物が別の事象を指し示す記号となるという経験的な(論理的必然性を持たない)記号作用である。フッサールにおいては身ぶりや表情もこのような指標である。フッサールが「身ぶりは伝達の意志を持たない」という謎めいた矛盾に思える表現を取っているのだが（*Ibid.*, p. 31）、ＡＬＳの例でその意味がラディカルになる。伝達すなわちコミュニケーションへの意志とは異なる水準で成立する「対話」が、患者の身体を物体的な記号とすることで成立するのである。

(34) 川口有美子『逝かない身体』前掲、一八四-八五頁。
(35) 同前、二〇六頁。
(36) 同前、一一四頁。
(37) 同前、一八三頁。
(38) 同前、二四四頁。
(39) 同前、二〇〇頁。

両義性と二元性
——レヴィナスにおけるエロス的なものについて——

ジェラール・ベンスーサン

1　エロス的なものの両義性

あらゆる関わりの不可能性としての差異、そして、隔時的な時間性としての差異は、他が同のうちで意味する主体性の構造を劈開する——『存在するとは別の仕方で』の核心をなす主張はこのように要約される。この差異は、レヴィナス自身述べているように、主体性を脱構造化する。しかし、この脱構造化によって、倫理やその責務を引き受ける主体性の新たな確固とした形象が生み出されるわけではない。この脱構造化は、ほとんど解読不可能な痕跡のうちで、倫理や主体性を指し示すばかりである。差異が意味しているのは、むしろ、〈語ること〉（le dire）による、すなわち、時間の時間化による「両義化の力」（pouvoir d'équivocation）[1]である。そして、この時間化とはまさに、〈存在〉と〈存在するとは別の仕方で〉の両義性が意味するという事態にほかならない。時間による、他者による、そして、それら両者を意味する〈語ること〉によるこの「両義化の力」は、それによって筋立てられたあらゆるもののうちにみずからの痕跡を残している。まさしく何かが現われているが、その何かはあらゆる現われの構造を一変させてしまう。何かがあるが、その何かは、存在しつつも、〈存在するとは別の仕方で〉という謎に時間的につなぎとめられている。何かが目の前に現前しているが、その何かは、想起や予期による時間的な地平を超え出るものから切り離されることで現前するのである。

『存在するとは別の仕方で』におけるこうした概念構成は、「顔の彼方へ」と題された『全体性と無限』の最終章からすでに素描されていたものである。素描されているとはいっても、それは、『存在するとは別の仕方で』の概念構成が『全体性と無限』の最終章のなかで前もって形をなしていたわけではないし、両者のあいだの連続性が予期されていたわけでもない。もしそうであるならば、いずれの場合にせよ、レヴィナスの二つの主著を分かつ深き差異は平板化され、各々の主著を理解することもままならなくなってしまうであろう。『存在するとは別の仕方で』と『全体性と無限』のこの差異は、それ自体、両義化の機制に属していると言える。ただし、この両義化は、それ自体、曖昧なものである。というのも、それは、『存在するとは別の仕方で』においては〈語ること〉と時間が備えているものとされていた「両義化の力」を、『全体性と無限』の「顔の彼方へ」と題された既述の箇所では「エロス的なものの独自性」として規定される「優れた意味での両義性」に割りあて、あるいはそこへと送り返すからである（TI, 286／三七六）。[2] 私が以下で明らかにしたいのは、まさにこの「点」に関してである。すなわち、両義化の力によって、レヴィナスの言う差異は、〈語られたこと〉（le dit）と〈語ること〉、〈存在〉と〈存在するとは別の仕方で〉、〈存在すること〉（l'essence）と〈超越〉といったもののあいだの「両義性ないしは謎」として理解されるのであるが、この両義化の力は、性的な差異として、あるいは、エロス的ないし愛の差異として捉えなおされねばならない。というのも、この意味での差異は、他のあらゆる差異よりもよりよく、関係のなかで結びあわされる諸項の厳密な不可逆性や交換不可能性を示すからである。『全体性と無限』

で着手された〈エロス〉の現象学においては、「性《セックス》」や「セクシュアリティ」といった語は用いられてはいないものの、〔『レヴィナス著作集』の第一巻として公刊された〕「捕虜ノート」に収められたいくつかの覚書においては、この限りではない。私は後に改めてこの覚書を取りあげるつもりであるし、また、「顔の彼方へ」を読解するために、本稿で、私はこの覚書に依拠することになるだろう。『全体性と無限』においては、「愛の両義性」が行き着く「エロス的なものの両義性」は、「より遠くに至ると同時により近くにとどまる」、「手前と彼方」という超越のあり方を意味している（TI, 284-285／三七五–七六）。「欲求と欲望、色欲と超越」の同時性、あるいは、「明かしうるものと明かしえぬものとの接触」がまさに実現されるところで、差異は生起し、展開される（TI, 285／三七六）。レヴィナスがここで「同時性」と名づけているものは曖昧さがないわけではないが、それはそもそも、両義性においてのみ現われることができるものである（TI, 287／三七八）。この「同時性」と名づけられるものは、共時化された合致、感じられたものと感じるものとの結合、愛する者たちの相関関係、つまり、愛する者たちが共有する乱されることなき時間といったものではない。まさにその反対である。それは、「接触」とかろうじて呼びうるものかもしれないが、いずれにせよ問題とされているのは、最大のものと最小のもの、手前と彼方がいかにしても引き受けられることなく「経験」されることであり、これら両者の時間化された差異の出来事であり、ある法外さの出来事である。これこそが、愛撫に割かれた美しい記述において示されていることである。愛撫は「探し求める」。この動詞は、愛撫を示すためにレヴィナスが用いる主導的な語である。「探し求める」とはいっても、しかし、愛撫はみずからが探し求めているものを決して知らず、もちろん、みずからが探し求めているものに到達することもない。というのも、愛撫が探し求めているものは、差異を生み出しながらみずからを繰り延べるからである。「愛撫とは、何も掴み取らないこと、絶えずみずからの形から脱し、未来――それも絶えず遠ざかり続ける未来――へと逃れゆくものを懇い願うこと、あたかもいまだ存在していないかのようにして、かすめとる手を逃れるものを懇い願うことである」。「探し回る」ようにして、「目に見えないものに向かって進む」ようにして探し求めながら、愛撫は、差異の時間、「いまだ存在しないもの、「無にさえ及ばないもの」」の時間へと身を乗り出すのである（TI, 288／三八〇）。

このような時間性を介してエロス的なものの根本的な両義性が意味をなすことになるのだが、レヴィナスはそうした時間性を「探求の志向性」（TI, 288／三八〇）に従わせている。あらゆる「曝露の志向性」から区別されるこの「探求の志向性」は、『全体性と無限』全体を通じて、とりわけ享受との関連で展開される反-志向性の一般的な機制に属するものである。この反-志向性という概念は、多くの誤解と容易には拭い去れない諸々の困難を孕んでいるように私にはおもわれるのだが、本稿ではその点には拘泥しないでおこう。

2　エロス的なものについての一般理論

愛撫は、あらゆる可能な予期の彼方であるとともに、引き受けられるあらゆる「同時性」の手前でさえもあるというその時間的な次元において、エロス的なものの両義性を明るみにもたらす。捕虜時代、レヴィナスは、エロス的なものの両義性を、時間、社会性、乗り越えられない二元性、性を備えた身体といった、その本質的な要素のいくつかに即して明確に記述していた。例えば、当時、愛撫については次のように言及されていた――「現在に対する希望の具体的な形――愛撫［…］時間の身体的な意味」(3)。私は捕虜時代のこうした数々の覚書に注目することにしたい。というのも、これらの覚書は、『全体性と無限』におけるエロスの現象学の一種の原細胞

(*Urzelle*)[4]ないし生殖細胞をなしているように私にはおもわれるからである。そこでは、エロス–愛–性は、その極度の裸性において、それ自体として思考へと手繰り寄せられているが、その際、繁殖性との関連、和解、あるいは「無限の存在」[5]をめぐる存在論は示唆されてはいない。そうした洗練されてはいない方法を若きレヴィナスが必要としたのは、みずからが提起し、提出せんとしている事柄の確固たる独創性ゆえのことである。だが、その方法は、かえって『全体性と無限』における現象学の多くの側面を照らし出すものであり、これによって、『全体性と無限』における現象学を、その後の『存在するとは別の仕方で』における倫理ばかりでなく、『全体性と無限』以前の「捕虜ノート」におけるエロス的なものとも有益な仕方で「比較する」ことが可能となるのである。「愛撫」と時間との、いや、後に見るように、より精確に言えば、愛撫と「瞬間」との紐帯ないし再結合は、「捕虜ノート」においては、愛ないし〈エロス〉「という形のもとで」語られている。捕虜時代におけるレヴィナスの心づもりは、まさにエロス的なものについての一般理論を構築することにあったという点に留意すべきであろう——捕虜生活という状況の制約により、その理論の構築は、とぎれとぎれの注釈という形を取らざるをえなかったが、それでも、例えば、「エロスの分析への寄与」や「エロスの分析のために」[6]といった小見出しが各々の注釈にはしばしば付されている。後の著作全般にわたって倫理として思考されることになるものは、エロス的なものについてのこの一般理論のうちですでに形を取りはじめているのであり、もし非対称性において開かれる二者間の倫理の構造そのものをその出所から把握しようとするならば、この理論をきわめて真剣に捉える必要があるのである。

　エロス的なものについての一般理論の基礎は、次のように起草された覚書において、驚くべき確信をもって定義されている——「自我は我が家における愛の外では定義されない。自我の本性をなすセクシュアリティ。愛をめぐる古くからの見解との断絶」[7]。この記述から、二つの形式的な注解が要請される。まず、「我が家における」と述べることで、レヴィナスは、愛をめぐって織りなされたある特異な哲学的立場をきわめて明確に表明しようとしている。ちなみに、この「我が家における」という定式は、「捕虜ノート」において繰り返し出現するものである。次に、他の覚書においてと同様、この引用においても、愛、エロス、性ないしセクシュアリティは、もっぱら厳密に等価のものとして提示されているわけではないにせよ、互いに切り離されたものとされているわけでもない。レヴィナスは、あるときは、括弧で括り、疑問符をつけながら、〈エロス〉と書いた後に「愛」という語を付け加えている[8]。またあるときは、私が他者の苦しみを苦しみ、あるいは、私が他者の喜びを喜ぶという「間接的な感情」ないし「志向的な感情」に関して[9]、レヴィナスは、〈エロス〉が愛に「なること」を規定しようと試みている。しかし、自我がその成り立ちからして性を備えて構成されていることについて結論を下すことが問題となっている以上、エロス-愛-性は、まったく同一のある両義的な実在を指し示している。その実在の内部は、諸々の曖昧さや移行に貫かれてはいるものの、そうした曖昧さや移行によって、かえってこの実在の中心性は強固なものとなる。では、自我は愛の外では定義されない、という主張の深い意味は何であろうか。私が存在する、ということも、私は存在し、欲し、行為し、思考するということを私が確信している、ということも十分ではない。そればかりではなくさらに、いや、まず第一に、存在するためには、私は愛されていなければならない。とすると、存在の基礎的な出来事は存在ではないことになる。一九三五年に発表された「逃走について」における定式、そして、この論文の全体的な調子を踏襲して言えば、存在の基礎的な出来事は、存在するという事態の充足の外に逃れ出ること、自己の外に、自己が自己に釘づけにされているという事態の外に脱出することである。ここで問題とされている自己は、〈ある〉（il y a）、すなわち、「絶えずつきまとい、重くのしかかる」自己という一種の「分身」に耐えがたくも繋ぎ止められているという事態である。[10] この事態から脱出するということは、私を私におぞましくも縛りつける、こうした自己との二重化された関係からかろうじて抜け出し、私を私以外の者へと召喚する二者関係へと向かうことである。この脱出に与えられた名前、それこそが愛であり、一九八五年の対談におけるレヴィナスの表現を用いれば、愛という「真に人間的なもの」なのである。[11] 実際、「〈エロス〉はこの閉塞状況から解放し、私の自己への回帰を止める」（TI, 303／四〇一）とレヴィナスは書いている。一九三五年のテクストで分析されている逃走の諸々の具体例（吐き気、羞恥、居心地の悪い気分など）においては、快楽が格別の地位を占めている。というのも、逃走をめぐる他の「事例」にもまして、快楽には時間との直接的な関わりが認められるからである。「逃走について」におけるこの徹底して非快楽主義的な省察において、快楽は、存在者がみずからの実体を自身から取り除き、身軽になり、そこかしこに浮遊する際の経由地として分析されている。レヴィナスは、快楽を瞬間への集約のうちに根づかせる主張に異を唱えている。レヴィナスは、そうした主張に対し、時間論的には反対の主張を対決させている。すなわち、レヴィナスによれば、快楽にあって、瞬間は、「自己の放棄において、自己自身の喪失において、自己の外への脱出において、つまり、脱自において」[12] 分割されるのである。

3　時間の身体的な意味

以上がエロス的な逃走のあらましである。それは、端的に言えば、存在からの解放である。この存在からの解放は、「快楽を状態の地位に貶め、逃走の約束が［…］成就される快楽の運動を隠蔽する」[13] 形而上学、ないしは、空虚か充実かを尺度とする形而上学に抗することでのみ可能となる。同じ発想のもとレヴィナスがより後年になって用いる言葉で言えば、存在からの解放は、「充足を至上のものとする諸モデル」に抗することでのみ可能となる[14]。これらの形而上学的なモデルは、「捕虜ノート」においては、「愛をめぐる古くからの見解」という総括的な表題が付された箇所でまとめられている。その見解によれば、愛《アムール》はポロスとペニアの息子として捉えられるが、しかし、こうした見解は、「性《セックス》」に関して何ごとかを理解するための手助けとはならない。この点こそ、若きレヴィナスによる批判の核心をなすものである。というのも、「プラトンにおいては、[…]性の概念は付随的なもの」にとどまり[15]、さらには、フロイトはセクシュアリティをその根本的な独自性においては考察しなかったために「セクシュアリティを過小評価した」として名指しで非難されているのに対し[16]、「〈エロス〉をめぐる私〔レヴィナス〕の理論においては、性こそが中心的な概念となる」からである。エロス–愛–性は、それらが最終的に現実化される過程で、一者を起点とするあらゆる形而上学と袂を分かつが、以上検討されたようなエロス–愛–性の中心性とその構成的機能は、「捕虜ノート」においては決定的に重要である。というのも、そうした中心性とその構成的機能により、時間と社会性の分析において、〈二者〉の絶対的な優位を確立することが可能となるからである。レヴィナスは、一九三五年からすでに、快楽は、有限な存在が単一的な全体性のうちで成就されることへと、すなわち、一種の自己実現であるような充足へと向けられているのではなく、むしろ、そうした自己から解放されることへと、自己の存在を払い去ることへと向けられていると説いていた。アナクロニックな言い方をすれば、愛が「起源に先立って」（pré-originellement）曝露するもの、愛が直接に証示するもの、それは、私が私自身の私性（mienneté）にとどまることが根本的に不可能だということである。この私性とは、純粋な存在についての純粋な経験の統一性のうちでは決して与えられず、むしろ、私を捕える私へと私が関わる、〈ある《イリヤ》〉

において与えられるのである。エロス的なものであれ、倫理に関するものであれ、あるいはほかのものであれ、「存在の出来事」はつねに存在よりも古いものであることになるだろう。出来事とは、みずからに固有の可能性、ないしは、現実態への移行としての存在論的な可能化に先立つ現実性である。それゆえ、「捕虜ノート」においてレヴィナスが簡潔に書きとめているように、逃走が果たされるのは、「存在ではない何ものかにおいて[17]」であり、存在から存在へ向かうのではもちろんないような「何ものか」においてである。そして、こうした「何ものか」に与えられた名こそ、愛、性、あるいはエロスであり、これらは、一であることにおいて二であるような両義的な働きなのである。「存在のドラマを演じ[18]」ながらも、あるいはもしかしたら、わけても「存在のドラマ」を演じることによってこそ、ひとはつねにすでに存在から脱出している。しかし、ひとは決して時間から脱出することはできず、存在から脱出するのと引き換えに、ひとは時間の間隙に入り込む。この点で、欲求であれば空間の間隙が示されることになるのとまったく同様[19]、時間の間隙として開示されるエロスは、存在の現前、および、私と存在との偽りの等根源性を宙づりにするものなのである。しかし、この宙づりは、それによって宙づりにされるものに先んじている。この見かけ上のパラドクスは——この宙づりは、性を備えた身体、そして、そうした身体が示す時間的な両義性によってのみ可能となり、また現実化されもするということが理解されるならば——さしたる困難もなく解きほぐされるものである。「時間の身体的な意味」は、「捕虜ノート」で着手されたエロスの分析論にとって鍵概念となるように私にはおもわれるのだが[20]、これは、『全体性と無限』におけるきわめて多くの記述のうちで、遠巻きながらに諸々の帰結を展開してみせることになる。というのも、そこでは、時間的なものと身体的なものとが相即不離に結びあわされているからである。その一例として、顔の彼方によって示される「途方もない超質量性」（TI, 286／三七七）という『全体性と無限』の概念を取りあげてみよう。この超質量性は、顔の廉直さや裸性よりも遠くから到来すると同時にそれらのより手前から到来するものであるが、それは、「質量」の廉直さというもう一つの廉直さを、そして、内在性の裸性というもう一つの裸性を言おうとしているかのようである。このような「途方もない超質量性」は、ちょうど空腹をめぐるレヴィナスの諸分析のうちのいくらかの規定と同じような調子で、性を備えた身体の超質量性に関連づけられることができよう。性を備えた身体の超質量性、あるいは、飢えを叫ぶ身体の超質量性もおそらくはまた、優れて時間的な内容を有している。この点は、例えば、「終わりに行き着くことなくおもむく」「官能のせわしなさ」（TI, 290／三八三）においても、あるいは、「事物としての身体とも、自己に固有の身体とも、表現としての身体とも異なる」（TI, 289／三八〇‐八一）、愛撫される身体／愛撫する身体の時間化においても、見てとることができるだろう。直前の引用における三重の否定はまさに、「捕虜ノート」で強調される性を備えた身体の構成的中心性を――それと名指すことはなくとも――示しているのである。

4　エロス的なものの二元性

性を備えた身体は――ただし、若きレヴィナスにおいては、言ってみれば、身体といえばそれは性を備えた身体であり、ほかの身体などないのだが――生ける身体（*Leib*）と物的身体（*Körper*）という二者択一の機制を根本的に免れるものである。フッサール現象学は、時間‐世界‐身体を一続きのものとして厳密に捉えることで、身体の時間的な意味を引き出した。もっともレヴィナスも、このフッサールの観点を多くの局面で共有し、あるいは、取りあげなおしている。実際、知覚されたものは、原初的な充実という身体的なものの様態のもとで意識に到達する。あらゆる人間が生きている世界の経験は、当の経験を生きるすべての人間に共有された準拠点によって支えられており、われわれの身体的な実存こそがその根源的な場である。しかし、レヴィナスが言うところの「時間の身体的な意味」は、フッサールの記述の中心軸をずらし、当の軸を中心に織りなされた様々な連関を一変させるものである。時間‐世界‐身体のこうした結びつきを、レヴィナスはいったんは受け取ったうえで、それを解きほぐし、そして、エロス‐愛‐性を中心として、また、それらをもとにして、再度編みなおしている。

その際の結び目が「エロスの乗り越えられない二元性」[21]であり、この結び目を経由してこそ、性を備えた身体がいわば時間のカテゴリーとして提示されることになる。エロス的なものは、現実を二つのものに切り分ける。すなわち、それは、「類と種、部分と全体、働きかけることと被ること、真理と誤りといった相関的な関わりには還元されえない関係へと現実を切り分けるのである[…]。セクシュアリティによって、主体は、絶対的に他であるもの、論理によっては予見できない類の他性、「私のもの」に決して変換されることなく、関係のうちで他であり続けるものと関わるのだ」[22]。したがって、セクシュアリティによって寸断された現実を分かつ分断線の両側に配置されたいずれの部分も、他方の部分と「関わり」を結ぶことはありえない。つまり、そのいずれの部分も、二つのものが一なるもののうちで止揚されたり、そこへと、また、そこにおいて還元されたりするような関わりを結ぶことはありえないのである。このことから、セクシュアリティとは絶対的に他であるものとの関わりの最たるものである、とレヴィナスが書くとき、問題となっているのは次のような関わりであることが十分に理解されねばならない。すなわち、後にも先にも二元性が維持されるなかで、もはや関わりでさえない「関わり」それ自体が縁取られるような関わりが問題となっているのである。こうした根本的な直観は「捕虜ノート」以来すでに認められるものだが、これを、多くのひとの知るところとなったラカンの定式にこと寄せてみるならば、性的関係は存在しない、と言えるだろう。だからこそ、愛とは、もっぱらそれ自身において考察されるべきではなく――そのこと自体すでに大変なことだが――、それを構成する両義性のうちで、非対称性や隔時性といったレヴィナスの倫理にとって決定的なメタ概念を要請するものとして深く考察されるべきであるとすれば、愛は〈愛をめぐる古くからの見解〉からあらかじめ免れていなければならないことになるのである。愛は一者とエロス的な融合をめぐるあらゆる存在論から解放されねばならない――初期の諸々のテクストにわたって彫琢されるのはまさにこうしたふるまいである。「エロスの乗り越えられない二元性」、「私にとって本質的な二元性」とレヴィナスが書いているように[23]、これらの二元性が特徴づけているのは、あらゆる存在論的な統一性に対する二者関係の時間的な先行性であり、もっぱら「ただ独りの主体」だけが思考されることを阻む、二元性の根本的で損なわれることのない原初性である。「二元性、および、他者という神秘は、愛の基盤そのものである。セクシュアリティ[24]」。「自我が愛の外では定義されず」、愛が、他人とのあらゆる関わりの母体をなす、こうした二元性の基盤であるとすれば、それはまさに、愛がみずからの意識の統一性のうちにある自我に先立つからであり、また、自我が失われた統一性へと回帰することまでをも禁止するからである。エロスは、存在論-存在-〈一者〉に囚われた愛をめぐる「古代の見解」からは根本的に区別される。この点を経由してこそまさに、「社会的なものの起源としてのセクシュアリティ[25]」が、すなわち、レヴィナスの言葉を用いれば、二者であることの起源としてのセクシュアリティが理解されることになる。二つの片割れ同士の結合よりもさらに古く、けれどもつねに刷新される、絶対的に乗り越えられることも還元されることもない二元性が、エロス的なものをめぐる思考を力強く牽引している。エロス的なものは、別のところでは、「人間の時間の源泉[26]」とも呼ばれているが、この点もまた、エロス的なものがあらゆる関わりの母体として働くというその原初的な性格を改めて強調するものである。「二元性」は、実際、その根底において、時間そのものの意味深い区切りを告知する——「二元性と時間のドラマとの結びつきは、社会的な二元性、つまり、性的な二元性を出発点として解明されることになるだろう」[27]。この一節は、たしかにいくぶんぎこちないものであり、約束された解明の作業は、結局は真の意味で実行に移されることはない。だが、当の一節は、時間の「ドラマ」をなす乗り越えられない二元性を基点として、時間をめぐる思考に対して、「時間の身体的な意味」をきわめて興味深い仕方で開示している。隔時的な時間の筋立ては、この時期においては、時間の「源泉」である性的な二元性において仕立てられているのだ。

以上より、エロス的なものを欠いた、身体をめぐるあらゆる思考は、身体から、その時間的な両義性を、ということは結局、もっとも際立った身体の身体としての意味を取り除いてしまうことになるということが見てとれよう（この点をよりよく示すためには、「ヒトラー主義の哲学についての若干の考察」におけるいくつかの要素をここで呼び寄せる必要があるだろう）。そうした思考は、身体の時間性を取り逃すことで身体をも捉え損ねてしまうことになるであろう。釘づけにされていることと逃走との緊張、「間隙」としての、あるいは、欲望を喚起するものからの分離としての時間性、性的関係の二元性と両義性、これらのものこそが、時間なのである。自己に固有の身体に替えて性を備えた身体を置くことは、少なくとも、われわれが記述してきたような時間論的な帰結をともなうものである。すなわち、快楽の瞬間における時間の激化、あるいは現在を求める愛撫の希望における時間の激化が、生き生きとした現在に取って代わるのだ。「捕虜ノート」における時間をめぐる諸分析、あるいはまた、「逃走について」における快楽の現象学は、瞬間のもつ自同性を解体する機能や、エロス的な瞬間における私と私との絶対的な非合致という事態を明確に解明している。これは、「捕虜ノート」に収められた多くの哲学的な覚書において、レヴィナスが「瞬間に対する希望」と呼んでいるものである。瞬間は「償いを叫んでいる」[28]。

瞬間は、すでにして倫理的なものであるような切迫にかられて、今この瞬間において、贖いを呼びかけている。そうした切迫はいかなる忍耐も許容しない。すなわち、概念に基づく忍耐も、一義的な時間や単一的な持続から発する忍耐も許容しない。瞬間となった時間のこうした「叫び」においてこそ、時間性そのものをなす何ものかが、その深みや襞において、そして、その両義性が織りなす多様性において、明るみにもたらされるのだ。ちなみに、性が、あらゆる社会的な関わり、あらゆるエロス的な二元性、そして原則的には、あらゆる二元性の「基盤」をなすとされるのは、そもそもこのような理由からである。レヴィナスは、長きにわたり、『エロス』と題された小説の構想に着手していた。そして、二〇年もの歳月の果てにはじめてレヴィナスはその小説を断念したという事実は、注目に値するべきことであり、また、われわれの意表をつくものであるとさえ言えるだろう。この事実は、あたかも、レヴィナスは非哲学的な入口を通ってみずからの哲学へと踏み込んでいったかのようであり、またあたかも、二つの主著が、それにふさわしい意味の高みにおいて、他性と主体性をめぐる二つの偉大な哲学的「小説」として実際に読まれる前に、本質的な読解の手がかりは断念された小説において姿を現わし、探し求められるかのようなのである。

5　倫理そのものの両義性

「捕虜ノート」や「逃走について」、そして『全体性と無限』に至る、〈エロス〉、愛撫、快楽、官能をめぐる現象学的なアプローチにおいて、レヴィナスは、愛そのものによってもたらされる危機に対してきわめて注意深い姿勢を示している。その危機とはすなわち、愛が、愛についての愛に、つまり、この「〜についての」によって、志向的な、あるいは、改めて志向された感情に堕してしまうという危険であり、自己への捕われからの逃走を誘発した後に、結局は自己へと回帰してしまうという危険である。こうした注意の結果、レヴィナスは、愛についての愛であっても、志向やエゴイズムはほとんど問題とはならないと指摘するに至っている。快楽の時間の身体的な意味を担う主体は他者の自己であり、それは自己自身の自己ではない——そもそも、時間とはまさにこうしたものなのだ。自己自身は同じ自己ではなく、時は過ぎ去ってしまっている。もしそうでないとすれば、両義性は維持されえないだろうし、また、それはすぐさま、志向性に統御された一義性に、一方から他方への単なる弁証法的な回帰に転じてしまうであろう。両義性が転倒されたり克服されたりしないとすれば、それは、両義性が時間を意味するからである。レヴィナスの愛に対する立場はときおり著しい変化を見せるが、そうしたさまざまな変化をとりまくようにして、きわめて重要な一種の思考のアーチが描かれている。愛という真に人間的なものは、〈語ること〉を起源とし、その〈語ること〉に基づいてさまざまな変調をとげる。そうした変調の多様性や複数性において、そして、にもかかわらずそこを貫く一貫性において、この愛という真に人間的なものを捉えるならば、次のような諸々の「移行」がレヴィナスにおいて働いているさまを従来よりもよりよく踏査することができるようになるだろう。その「移行」とはすなわち、エロス的なものから倫理への移行であり、倫理から政治への移行であり、倫理から道徳への移行である。なお、道徳とは、倫理と存在論的なものとの紐帯が断ち切られ、あらゆる存在論が倫理によって流動化される運動そのものにおいて倫理に結びつけられた存在論的なものの重みを指している。これらの移行は、ある地点から別の地点への単純な移行ではない。あらゆる困難の所在はまさにこの点にある。ここで問題とされる移行は、諸々の錯綜と中断を孕むものであり、その錯綜と中断においては、それによって分離され停止されるものが、弁証法へと落ち込むことなく、ともに持ち運ばれるのである。ここでとりわけ、『全体性と無限』において重層的に規定された〈エロス〉と繁殖性の「関わり」と、『存在するとは別の仕方で』において、首尾よく、けれども苦労をともないながら暗示された〈倫理〉と正義の「関わり」との正真正銘の構造的な相同性に気づかれるであろう。いずれの場合でも、諸項の関連ないし分離の問題、すなわち、セクシュアリティから父子関係への、あるいは、近さから正義に基づく政治の秩序への、不可能だが不可欠な推移はどのようにしてなされるのかを知ろうとする問いは、諸々の甚大な問題を提起する。この点についてはそれだけでも浩瀚な研究を要するだろう。より高次の段階への推移の誘惑、もっと言えば、弁証法的な止揚の誘惑は、『存在するとは別の仕方で』においては力強く払いのけられているのに対し、『全体性と無限』やその草稿期間全般にわたっては非常に強いものである。そのようなわけで、すでに引用した一九五九年一月二七日の講演においては、ヘーゲルがプルーストに取って代わるかのような様相を呈している――「[…]エロス的なものと父子関係――これらは、瞬間と持続のように弁証法的に対置されるものであるが、家族という人間の奇跡のうちで調停されるのだ」[29]。こうした命題が行きつく先には極度に慎重さを要する論点が待ちうけていることがここで察知されるであろうが、本稿ではその詳細に立ち入ることはできない。

若きレヴィナスによって素描された〈エロス〉についての一般理論が、『全体性と無限』へと移行するまさにその地点において指示していたようにおもわれること、それは、倫理と愛は、両者ともに、他者の唯一性と他者を前にした自己の唯一性を中心として時間的に結びあわされるということである。とはいっても、レヴィナスは、これら二つの領域のあいだの深い境界線、ないし区別や対立を無視しているわけではまったくない。それどころか、レヴィナスはそれらを念を押して強調している。しかしながら、倫理と愛のどちらもを、時間性の原初的には身体的な意味を示す、分化された指標として捉えることもできる。もちろん、倫理と愛を分かつ諸々の差異は自明である。だが、「捕虜ノート」におけるエロス‐愛‐性をめぐる概念構成によって開示された発見的な道筋からすれば、エロス的なものを非‐倫理的なものとして、繁殖性をセクシュアリティの止揚として、倫理を父子関係の形象としてといった仕方で、倫理と愛という二つの領域を排除ないしは媒介の論理に従って関連づけることはきわめて困難であるようにおもわれる。「〈エロス〉の現象学」の全体は、『全体性と無限』の一般構造においては、始原的なものの享受から逃れるものである。〈エロス〉の「冒瀆」する運動は啓示である。倫理はこの運動の最中で啓示されるが、それは冒瀆の両義性においてであり、その両義性において、脱主体化された主体は（自己の、存在者の、可能なものの、顔の、終わりの）彼方の経験に踏み入る。この「〜の彼方」という措辞は、まさに、エロス的なものの両義性を表現している。エロス的なものは決してエロス的なものだけには還元されず、エロス的なものは「顔の彼方におもむく顔を供する」（TI, 291／三八四）以上、エロス的なものはつねにエロス的なものの彼方に位置するのである。両義性が根本的には時間の両義性であるならば、この概念の内包の射程を、『全体性と無限』において規定されているようなエロス的なものの「彼方」へと拡張することができるだろう。レヴィナスにあっては、時間の両義性が、諸々の横断や中断、移行や跳躍を錯綜させ、それらを規制しているとおそらくは言えよう。言い換えれば、それは、結びつけられたものを異他的なものとし、近づけられたものを神秘的なものとし、あるいは、接触されたものを異質なものとするのである。近さの正義への翻訳不可能性において働いているのも、もちろん、同様の時間の両義性である。[30] この仮説をさらに推し進めるならば、倫理そのものの両義性を考慮に入れる必要があるだろう。というのも、倫理は、一方では、複数の第三者たちの「叫び」を、倫理の後にやって来る政治を聴取しなければならず、他方で、政治といわば競合する、愛において他者がその顔を取り戻すという事態を聴取しなければならないからである。こうして、エマニュエル・レヴィナスの倫理は、人間の主体性の、つまり、「真に人間的なもの」の、綜合されえないものの、非自同的なものの終わりなき時間化の倫理として理解されることになるだろう。

（平石　晃樹　訳）

注

（1）Emmanuel Levinas, *Autrement qu'être ou au-delà de l'essence* [1974], Le Livre de poche, p. 23.〔『存在の彼方へ』合田正人訳、講談社学術文庫、一九九九年、三八頁〕

（2）「両義性」という語の強調はレヴィナスによる。

（3）E. Levinas, *Œuvres* 1, *Carnets de captivité suivi de Écrits sur la captivité et Notes philosophiques diverses*, Paris, Grasset/IMEC, 2009, p. 186.

（4）（訳注）「原細胞」（*Urzelle*）という表現は、一九一七年一一月一八日付けでフランツ・ローゼンツヴァイクがルドルフ・エーレンベルクに宛てて送った書簡に対して後に冠せられた表題「『救済の星』の〝原細胞〟」に由来する（Franz Rosenzweig, »„Urzelle“ des *Stern der Erlösung* : Brief an Rudolf Ehrenberg vom 18.11.1917 «, in : *Zweistromland : Kleinere Schriften zu Glauben und Denken* (*Der Mensch und sein Werk. Gesammelte Schriften* III), Dordrecht, Martinus Nijhoff Publishers, 1984, S.125-138）。同書簡で、ローゼンツヴァイクは、後に『救済の星』として出版される主著で展開される発想の萌芽を書き綴っている。

（5）「無限の存在、つまり、つねに再開する存在は［…］繁殖性という形のもとで生起する」（TI, 300／三九七）。

（6）例えば *Œuvres* 1, *op. cit.*, p. 70 あるいは p. 71.

（7）*Ibid.*, p. 114.

（8）*Ibid.*, p. 441. ここで取りあげているのは一九五六年に起草されたより後の覚書である。

（9）*Ibid.*, p. 99.

（10）E. Levinas, *Le temps et l'autre* [1948/1979], Paris, PUF, « Quadrige », 1998, p. 37.〔「時間と他なるもの」『レヴィナス・コレクション』合田正人訳、ちくま学芸文庫、一九九九年、二五二頁〕

(11)「真に人間的なもの、それは——この言葉に驚かないでくださいよ——愛なのです[…]。」(E. Levinas, « L'intention, l'événement et l'autre. Entretien avec Christoph von Wolzogen, le 20 décembre 1985 à Paris », *Philosophie*, n° 93, printemps 2007.)
(12) E. Levinas, *De l'évasion* [1935], Le Livre de poche, p. 109.〔「逃走論」『レヴィナス・コレクション』合田正人訳、ちくま学芸文庫、一九九九年、一六一頁〕
(13) *Ibid.*〔「逃走論」前掲、一六二頁〕
(14) E. Levinas, *De Dieu qui vient à l'idée* [1982], Paris, Vrin, 1986, p. 172.〔『観念に到来する神について』内田樹訳、国文社、一九九七年、二一一頁〕
(15) *Œuvres* 1, *op. cit.* p. 117. こうした性急なプラトン読解に異議を唱えることもちろんできるにせよ、プラトンを典拠に、愛の合一に対するレヴィナスの拒絶への反論を導き出し、さらに、『全体性と無限』におけるエロス的なもののうちにある種のプラトン主義を見出してもさしたる意味はないだろう。
(16) *Ibid.*, p. 434.
(17) *Ibid.*, p. 175.
(18) *Ibid.*
(19) *Ibid.*, p. 129.
(20) *Ibid.*, p. 186.
(21) とりわけ *Œuvres* 1, *op. cit.*, p. 190 を参照。
(22) E. Levinas, *Œuvres 2*, *Parole et silence et autres conférences inédites au Collège philosophique*, Paris, Grasset/IMEC, 2011, p. 311. 一九五九年一月二七日の講演。
(23) *Œuvres* 1, *op. cit.*, p. 114.
(24) *Ibid.* レヴィナスは同頁でさらに「愛。セクシュアリティ」とひと息に書き綴っている。
(25) *Ibid.*, p. 66.
(26) *Œuvres* 2, *op. cit.*, p. 311. 一九五九年一月二七日の講演。
(27) *Œuvres* 1, *op. cit.*, p. 66.

（28） *Ibid.*, p. 462.

（29） *Œuvres 2*, *op. cit.*, p. 311.

（30） この論点については、拙著 *Ethique et expérience. Levinas politique*, Strasbourg, La Phocide, 2008 を参照願いたい。

後　記

本書は、二〇一一年一一月一二日―一三日に明治大学駿河台キャンパスにて開催された、エマニュエル・レヴィナス『全体性と無限』刊行五〇周年記念国際シンポジウムの記録である。海外からの発表者の招聘、シンポジウムの開催にあたっては、明治大学大学院文学研究科ならびに大阪大学大学院「最先端ときめき研究推進事業――バイオサイエンスの時代における人間の未来」から資金的な助成を受けた。記して深謝申し上げたい。

個々の発表ならびにシンポジウム全体の状況について論評することは控え、読者諸氏の自由な読解に本書を委ねることとするが、ひとつ注記しておくと、ここに収められた論考はいずれも、シンポジウム当日の発表に、各発表者が本書出版の決定後に修正を加えたものである。それぞれの発表後になされた質疑応答、シンポジウムの最後に行われた全体討議については、残念ながら、その内容を割愛せざるをえなかった。こうした作業に関しては、発表者のひとりでもある渡名喜庸哲の手を煩わせた。また、論考の翻訳に関しては、合田が訳文の修正を行った。なお、全体の模様をお知りになりたい方は、Meiji University iTunes U でそれをご覧になることができるので、是非参照していただきたい。

本シンポジウムの特徴をひとつ挙げるとすれば、それは、本シンポジムが、すでにレヴィナスやその周辺の思想家たちについて著書を公刊している年長の研究者たちと、新進の若手研究者たちとの遭遇、もっと言うなら、対決の場となったということであろうか。この点については、サランスキ教授、ベンスーサン教授らから、若手研究者たちの発表がきわめて高い水準のものであったことを評価する賛辞が呈されたことを特記しておきたい。

また、小手川正二郎、藤岡俊博の両君が、本シンポジウム後に、博士号請求論文を完成し、それぞれ、二〇一二年三月、七月の審査を経て、慶応義塾大学、東京大学から博士号を授与されたことも、誠に喜ばしいことである。村上靖彦氏の『レヴィナス――壊れものとしての人間』（河出書房新社）が二〇一二年八月に出版され、また、藤岡俊博の博士論文も南原繁賞を受賞し東京大学出版会から単行本として出版される予定であることも申し添えておきたい。

このように、発表者たちの何人かはすでに、次の目標に向けて、新たな職場、新たな土地、新たな身分で歩き始めている。『全体性と無限』という一冊の書物――しかし一冊の書物とは何だろうか――をめぐって、様々な方位から集った者たちが、僅かな時間ではあったが、共同の場所を創造し、また、それぞれの方位に向けて旅立っていったのだ。そのような交差点ともロータリーとも言える場所、それが今回のシンポジウムであった。その意義をお認め頂き、出版を助成していただいた明治大学人文科学研究所、出版をお引き受けいただいた知泉書館の小山光夫社長、編集の作業を担当していただいた知泉書館編集部の齋藤裕之さんに心から御礼を申し上げます。

二〇一二年一二月八日

発表者を代表して　合田 正人

<明治大学人文科学研究所叢書>

〔顔とその彼方〕　ISBN978-4-86285-178-9

2014年2月20日　第1刷印刷
2014年2月25日　第1刷発行

編　者　合　田　正　人
発行者　小　山　光　夫
製　版　ジ　ャ　ッ　ト

発行所　〒113-0033 東京都文京区本郷1-13-2
電話03(3814)6161 振替00120-6-117170
http://www.chisen.co.jp
株式会社 知泉書館

Printed in Japan　印刷・製本／藤原印刷

執筆者紹介

（執筆順）

ジャン＝ミシェル・サランスキ　Jean-Michel SALANSKIS
1951年生まれ。パリ西大学教授。主な著作に『生けるレヴィナス』（2006年），『現象学の現代的な活用法』（2008年），『数学的なものの哲学』（2008年），『ハイデガー 悪と科学』（2009年），『デリダ』（2010年），『倫理的な情動 生けるレヴィナス 1』（2011年），『人間の人間性 生けるレヴィナス 2』（2011年）ほか。

トマス・ヴィーマー　Thomas WIEMER
ドイツ学術振興会プログラムディレクター。主な著作に『語ることのパッション――エマニュエル・レヴィナスにおける言語の意味について』（独語，1997年）ほか。主な訳書にエマニュエル・レヴィナス『存在するとは別の仕方で』（ドイツ語訳，1992年）ほか。

シルヴィ・クルティーヌ＝ドゥナミ　Sylvie COURTINE-DENAMY
パリ政治学院政治研究所客員研究員。主な著作に『暗い時代の三人の女性――エディット・シュタイン，ハンナ・アーレント，シモーヌ・ヴェイユ』（晃洋書房，2010年），『シモーヌ・ヴェイユ――天上の根を求めて』（萌書房，2013年），『問われる顔――像から倫理へ』（仏語，Vrin, 2004年）ほか。

アンナ・ヤンポルスカヤ　Anna YAMPOLSKAYA
ロシア国立人文大学哲学科・現象学と現象学的哲学研究センター助教授。主な著作に『エマニュエル・レヴィナス 哲学と伝記』（ロシア語, 2011年），『フランスおよびドイツにおける現象学』（ロシア語，2013年）ほか。

合田正人　Masato GODA
1957年生まれ。明治大学文学部教授。主な著作に『レヴィナス 存在の革命へ向けて』（ちくま学芸文庫, 2000年），『ジャンケレヴィッチ 境界のラプソディー』（みすず書房, 2003年），『レヴィナスを読む――〈異常な日常〉の思想』（ちくま学芸文庫，2011年）。主な訳書にレヴィナス『全体性と無限』（国文社，2006年）ほか。

小手川正二郎　Shojiro KOTEGAWA
1983年生まれ。日本学術振興会特別研究員（明治大学）。主な論文に「真理と実在――フッサールとレヴィナスの真理概念（二）」（『現象学年報』第28号，2012年），「レヴィナスの「知覚の現象学」――『全体性と無限』におけるメルロ＝ポンティとの対話」（『メルロ＝ポンティ研究』第17号, 2013年），「レヴィナスにおける他人（autrui）と〈他者〉（l'Autre）――『全体性と無限』による「暴力と形而上学」への応答」（『哲学』第65号，2014年）ほか。

渡名喜庸哲　Yotetsu TONAKI
1980年生まれ。東洋大学国際哲学研究センター・研究助手。主な著書に『レヴィナスとアレント』（仏語, 共著, Vrin, 2013年），訳書にジャン＝リュック・ナンシー『フクシマの後で――破局・技術・民主主義』（以文社，2012年），ジャン＝ピエール・デュピュイ『聖なるものの刻印』（共訳，以文社，2014年）。

藤岡俊博　Toshihiro FUJIOKA
1979年生まれ。滋賀大学経済学部・准教授。主著に『レヴィナスと「場所」の倫理』（東京大学出版会，近刊），訳書にアラン・カイエ『功利的理性批判』（以文社，2011年），ピエール・ブー

レッツ『20 世紀ユダヤ思想家』（共訳、みすず書房、2011-2013 年）。

村上靖彦　Yasuhiko MURAKAMI
1970 年生まれ。大阪大学大学院人間科学研究科・准教授。主な著書に『自閉症の現象学』（勁草書房，2008 年），『レヴィナス 壊れものとしての人間』（河出書房新社，2012 年），『摘便とお花見――看護の語りの現象学』（医学書院，2013 年）。

ジェラール・ベンスーサン　Gérard BENSUSSAN
ストラスブール大学教授。主な著作に『メシア的時間――歴史的時間と生きられた時間』（法政大学出版局，近刊），『ユダヤ思想におけるドイツ哲学』（編著，1997 年），『フランツ・ローゼンツヴァイク 実存と哲学』（2000 年），『ハイデガー 危険と約束』（編著，2006 年），『倫理と経験――レヴィナスと政治』（2008 年）ほか。

翻訳協力者

柿並良佑　Ryosuke KAKINAMI
1980 年生まれ。立命館大学言語教育センター・嘱託講師。主な論文に「恐怖への誕生――同一化・退引・政治的なもの」（『思想』2013 年 1 月号）ほか。

平石晃樹　Koki HIRAISHI
1981 年生まれ。東京大学大学院教育学研究科・博士課程／ストラスブール大学大学院哲学科・博士課程。主な論文に「他律による自律――レヴィナスにおける〈教え〉の概念をめぐって」（『教育哲学研究』第 104 号，2011 年）ほか。

人名索引

ア　行

カ　行

サ　行

タ　行

ナ　行

ハ　行

マ　行

ラ　行